中国社区治理

ZHONGGUO SHEQU ZHILI 2001

2001

主　编：李焱林

中国社会出版社
国家一级出版社·全国百佳图书出版单位

中国社区治理

终审:尤永弘　责任编辑:张　迟　助理编辑:安　娜

联系电话:010-58124856　0731-88571610　010-58124825

E-mail: sqcmbjb@163.com

地址: 北京市西城区二龙路甲 33 号　邮政编码:100032

图书在版编目（CIP）数据

中国社区治理. 2001/李焱林主编.—北京：中国社会出版社，2020.6

ISBN 978-7-5087-6347-7

Ⅰ.①中…　Ⅱ.①李…　Ⅲ.①社区管理—研究报告—中国　Ⅳ.①D669.3

中国版本图书馆CIP数据核字(2020)第070149 号

开本：185mm × 255mm　1/16　印张：12.5　字数：220千字

版次：2020年6月第1版　印次：2020年6月第1次印刷

印刷装订：北京虎彩文化传播有限公司　定价：50.00元

卷首语

陈成文

党的十八大以来，社会建设硕果累累，社区治理有力推进。

社区是党和政府联系、服务居民群众的“最后一公里”，要健全社区管理和服务体制，整合各种资源，增强社区公共服务能力，回应人民群众对美好生活的向往，我们使命在肩。

党的十九大绘就了社区治理新的蓝图。一个好的社会，既要充满活力，又要和谐有序。如何发挥基层党组织作用，让党的旗帜在社区群众心目中高高飘扬？如何完善基层群众自治机制，打造人人有责、人人尽责的社会治理共同体？如何推进权力运行公开化、规范化，让人民监督权力，让权力在阳光下运行？如何加强社区治理体系建设，实现政府治理和社会调节、居民自治良性互动？如何推进居民自治与民主协商议事……面对时代课题，秉承历史使命，《中国社区治理》应运而生，刊物根据社区治理实际，有针对性地开设了治理论坛、基层党建、社区营造、工作方法、治理案例等栏目，既有理论前瞻，又牢牢扎根基层。

动人的故事正在上演，精彩的篇章需要精彩的讲述。展示社区治理创新成果，总结社区治理创新经验，聚焦热点难点，凝聚共识、汇聚力量，让共建共治共享理念厚植于心，广践于行，让人人成为社区治理的支持者、践行者。

情怀为笔，江山作画，希望刊物讲好社区治理的精彩故事，谱写社区治理的华美篇章，为人民群众对美好生活的期待做出积极贡献。

主编寄语

习近平总书记多次强调指出,“社区虽小,但连着千家万户,做好社区工作十分重要”,“社会治理的重心必须落实到城乡社区,社区服务和管理能力强了,社会治理的基础就实了”。城乡社区作为基层社会治理的基本单元以及居民生活的共同体,在国家大政方针的落实、社会秩序的维护以及社会文明的发展中,发挥了不可替代的作用。社区治理能力与治理水平,直接影响着人民群众的获得感幸福感与安全感。

随着社会治理重心逐步下沉,党和政府愈发重视社区治理。推进社区治理与服务创新,是国家顶层设计在社区治理实践中的具体要求和政策指向,也是当前各级党委政府、各有关部门和广大城乡社区组织一项十分重要的任务。随着我国进入新时代,在新旧社会矛盾转换与治理的变革中,社区作为社会的微观缩影,其面临的问题更加复杂、服务更加多元,这对基层社区治理带来了更大的压力,提出了更高的要求。这意味着要做好新时代社区治理,广大社区工作者必须主动作为,回应时代需求,创新管理服务机制,化解社会矛盾、解决社会问题、满足居民需求,不断提高社区治理的能力与水平。

在此背景下,我们筹划编撰了《中国社区治理》这一连续出版物,刊物以立足社区实践、关注社区动态、研究社区问题、聚焦社区治理、提供社区服务方案、促进社区发展为基本定位,致力于为社区治理的理论研究与实践打造一个集政府、社区、社会组织、专家学者、社区工作者、居民群众等多方参与互动的一个交流学习平台,成为基层干部和社区工作人员的参谋顾问。

《中国社区治理》的顺利出版，得到了中国社会出版社和中国社会治理研究会的大力支持，从出版想法的提出到行动落实，提出了很多建设性建议。两方领导多次询问工作进展情况，对如何办好刊物给予了专业性指导，并派专人对接跟进。

《中国社区治理》刊物也得到了中山大学蔡禾教授、北京大学邱泽奇教授、中国人民大学刘少杰教授、清华大学罗家德教授、江西财经大学陈成文教授、武汉大学贺雪峰教授、华东理工大学何雪松教授、厦门大学胡荣教授等一大批业界专家的关心与支持，还有许多不一一列举，在此一并表示诚挚的谢意。

习近平总书记指出：社区工作是一门学问，要积极探索创新，通过多种形式延伸管理链条，提高服务水平，让千家万户切身感受到党和政府的温暖。面对这门学问，我只是一个学习者与探索者，希望在专家的指导与大家的支持下，能更多地呈现城乡社区治理的经验与做法，推动城乡社区治理的交流与探讨，为解决城乡社区治理中的难题、应对城乡社区治理中的挑战提供参考与借鉴。

李焱林

2020 年 6 月

《中国社区治理》专家委员会名单

（以姓氏拼音首字母为序）

刘佳燕　清华大学
卢　磊　北京社会管理职业学院
刘少杰　中国人民大学
李火火林　湖南唯实公共服务评估中心
刘祖云　中山大学
马卫平　湖南师范大学
欧阳袖　中国劳动关系学院
彭国胜　贵州师范大学
潘泽泉　中南大学
邱泽奇　北京大学
谭日辉　北京市社会科学院
谈小燕　北京市委党校
田毅鹏　吉林大学
汪碧刚　中国社区发展协会
吴银涛　成都大学
郑功成　中国人民大学
朱海龙　湖南师范大学
郑红强　东城区朝阳门街道竹杆社区
周秋光　湖南师范大学
张文宏　上海大学
朱雄君　中共湖南省委党校

目录 CONTENTS

理论聚焦

社会治理

名家访谈

治理探索

社区营造

社区工作法

乡村治理

社区故事

治理案例

社会组织

理论聚焦

推进市域社会治理的理念、体系与能力现代化

陈成文　陈　静　陈建平

市域社会治理是国家治理的重要基石。党的十九届四中全会报告确定了“构建基层社会治理新格局”的战略目标，并提出了“加快推进市域社会治理现代化”的行动目标。加快推进市域社会治理现代化，是推进基层社会治理现代化的关键一环。可以说，它直接关系到国家治理体系与治理能力现代化顶层设计的落实落地，直接关系到市域社会的和谐稳定，直接关系到党和国家的长治久安。因此，积极探索新时代市域社会治理现代化的理论蕴含与实践路径，乃是推进国家治理体系与治理能力现代化实践中提出的一个亟待解决的重大现实课题。

一、市域社会治理现代化：一个概念的社会学意义

作为社会治理领域的一种崭新提法，“市域社会治理现代化”在理论界至今尚未形成清晰的、一致的认识。这种理论认识上的不足，既导致了人们对市域社会治理与城市社会治理、市域社会治理与基层社会治理关系认识的模糊化，又导致了目前正在全国范围内开展的市域社会治理现代化试点工作因缺乏正确的理论航标而无所适从。因此，加快推进市域社会治理现代化的前提就在于正确理解市域社会治理与市域社会治理现代化的理论蕴含。

1. 社会学视野中的市域社会治理

要科学界定一个概念，就必须抽象地认识它的本质特征，全面地把握它的基本内容。正确理解市域社会治理现代化的理论蕴含，首先就必须准确把握市域社会治理的理论蕴含。

市域社会治理既是相对于国家治理而言的，也是相对于基层社会治理而

言的,它是抽象意义的国家治理落实到具体意义的基层社会治理的承接与转换过程。国家治理侧重于统一的顶层设计,更多的是国家或政治意志的反映;而基层社会治理则侧重于特殊化问题的处理,更多的是国家或政治意志的执行。因此,国家治理与基层社会治理之间必然会产生宏观结构上的普遍性与微观行为上的特殊性的张力与冲突。从社会学的视角来看,市域社会治理就是一种弥合宏观治理结构与微观治理行为的嵌入式与联结式枢纽。这就意味着,市域社会治理在国家治理体系中具有承上启下的枢纽作用。枢纽性是市域社会治理的本质特征之一。市域社会治理既包含了国家治理意志表达与转换的功能,也包含了微观治理行为的执行功能。换言之,市域社会治理是国家治理在市域范围的具体实施,是将风险隐患化解在萌芽、解决在基层的最直接、最有效力的社会治理层级,处于推进基层社会治理现代化的前线位置。可以说,市域社会治理既是国家社会治理大政方针的执行者和落实者,又是基层社会治理的指导者和推动者。从这个意义上说,市域社会治理属于基层社会治理的范围,它是一种基层社会治理的具体形式。基层性也是市域社会治理的本质特征之一。

市域社会治理的基本内容由空间范围、行动主体、治理手段、治理目标、治理层级五个方面构成。从空间范围来看,市域社会治理是国家治理在设区的城市区域范围内的具体实施。空间范围决定了市域社会治理的基层性特征。由于设区的城市区域范围既包括城市行政区域所辖的城市社区,又包括城市行政区域所辖的农村社区,因此,市域社会治理是城市社会治理与农村社会治理的融合体。从行动主体来看,市域社会治理是市域范围内党委、政府、群团组织、经济组织、社会组织、自治组织、公民等多元行动主体在形成合作性关系的基础上开展的一种社会行动。市域拥有更多的政治资源(市委、市政府、群团组织)、市场资源(经济组织)、社会资源(社会组织),因而具有资源相对集中的治理优势。从治理手段来看,市域社会治理是市域社会治理主体运用党建、法律、道德、心理、科技、民规民约等社会控制手段开展的一种社会行动。从治理目标来看,市域社会治理的直接目标是化解市域社会矛盾、解决市域社会问题。从治理层级来看,我国社会治理层级应该划分为国家社会治理、市域社会治理与县域社会治理三个层级。国家社会治理是最高层级，县域社会治理则是基础层级，而市域社会治理属于中间层级，是架设在国家社会治理与县域社会治理之间的桥梁。

上述分析表明，从社会学的视角来看，市域社会治理是指在设区的城市区域范围内社会治理主体在形成合作性关系的基础上，运用一定的社会控制手段化解市域社会矛盾、解决市域社会问题，以达到促进市域社会和谐稳定的目的的一种枢纽性基层社会治理。这样的界定，不仅有助于我们正确厘清市域社会治理与城市社会治理、市域社会治理与基层社会治理的关系，而且有助于科学把握市域社会治理现代化的理论蕴含。

2. 社会学视野中的市域社会治理现代化

要科学把握市域社会治理现代化的理论蕴含，就必须正确认识市域社会治理现代化的本质特征、重点内容、行动目标与制度目标。

从社会变迁的视角来看，市域社会治理现代化是一种正向的社会变迁。这种正向的社会变迁是一次深刻的社会改革，它必然会导致社会结构的转型、社会秩序的调整。市域社会治理现代化对社会结构转型的影响在于：一是社会组织制度的转变。推进市域社会治理现代化，必然需要社会组织嵌入到治理结构之中，使之与其他行政主体形成平等的共治关系，这就必将导致社会组织制度的转变。二是社会身份制度的变化。推进市域社会治理现代化，也是一个推进农村进城务工人员市民化的过程。这就必然导致社会身份体制的变化。市域社会治理现代化对社会秩序调整的影响在于：一是重塑法治权威。“法治保障”是推进市域社会治理现代化的基本要求。推进市域社会治理现代化必须树立法治思维，使市域社会治理的行动主体养成法律尊严意识、法律遵从意识和法律践行意识。二是重构德治体系。道德是推进市域社会治理现代化的润滑剂。推进市域社会治理现代化必须树立德治理念，充分发挥传统家教家风的重要作用。这就必然导致德治体系的重构。三是强化自治功能。自治是推进市域社会治理现代化的社会基础。无论是德治还是法治，目的在于实现自治。推进市域社会治理现代化，必然导致社区居民自我教育、自我管理和自我约束能力的提升，从而导致社区自治功能的强化。

因此,作为一种正向社会变迁,市域社会治理现代化既关系到社会结构的转型,又关系到社会秩序的调整,因而它是一个整体性的社会发展过程。

由于市域社会治理现代化是一个整体性的社会发展过程,因此,它必须具备正确的推进理念、科学的内容体系与完备的能力要求。第一,推进市域社会治理理念现代化。从政府角度来看,就是要实现由"官僚威权"理念向"公共服务型政府"理念的转变;从市场角度来看,就是要实现由"见利忘义"理念向"利义兼顾"理念的转变;从社会角度来看,就是要实现由"袖手旁观"理念向"主动参与"理念的转变。第二,推进市域社会治理体系现代化。伴随着改革开放,个体行为失范与社会秩序的失调现象凸显。导致这些现象发生的重要原因就是社会治理体系的不健全。因此,必须完善市域社会治理现代化体系。市域社会治理体系现代化的基本特征就是要运用政治、法律、道德、心理以及技术等手段,确立、调整与约束社会关系,维系社会秩序,形成社会有机联结。推进市域社会治理体系现代化必须以治理手段为基本依据。第三,推进市域社会治理能力现代化。随着改革步入深水区,我国将面临更为严峻的国内与国际形势,防控各类社会风险、化解各种社会矛盾已成为推进市域社会治理现代化的主要目标。因此,必须全面提升市域社会治理能力。市域社会治理能力现代化有四个基本特征:一是政府管理职能与管理目标明确;二是社会自治与自我服务能力增强;三是通过引入现代化的管理技术,政府的社会治理方式不断改进;四是社会运行状况得到有效检测,政府成为"有预见性"的政府。可见,推进市域社会治理现代化,必须以社会治理理念现代化、社会治理体系现代化、社会治理能力现代化为重点内容。

要实现社会治理理念现代化、社会治理体系现代化、社会治理能力现代化,就必然要以提高社会治理社会化、法治化、智能化、专业化水平为行动目标。此外,从制度建设的角度来看,推进市域社会治理现代化应该追求党的十九届四中全会报告所提出的"坚持和完善共建共治共享的社会治理制度"这一制度目标,着力建设人人有责、人人尽责、人人享有的社会治理共同体。

上述分析表明,从社会学的视角来看,市域社会治理现代化是一种以设区的城市区域为空间范围,以党委、政府、群团组织、经济组织、社会组织、自治组织、公民为社会治理主体，以党建、法律、道德、心理、科技、民规民约为社会治理手段，以社会治理理念现代化、社会治理体系现代化、社会治理能力现代化为重点内容，以提高社会治理社会化、法治化、智能化、专业化水平为行动目标，以建设人人有责、人人尽责、人人享有的社会治理共同体为制度目标的整体性社会发展过程。这样的界定，为我们正在全国范围内开展的市域社会治理现代化试点工作提供了正确的理论航标。

二、"六大理念"：推进市域社会治理理念现代化

理念是行动的先导。推进市域社会治理现代化，必须坚持先进理念的指导。理念现代化是市域社会治理现代化的前提与基础。市域社会治理现代化的基本思路是：坚定不移地坚持中国共产党的领导，坚持以人民为中心的发展思想，动员与团结最广大的社会力量，探索有效的社会治理路径，化解市域社会矛盾，解决市域社会问题。从市域社会治理现代化的基本思路来看，推进市域社会治理理念现代化，必须践行"铸魂""民本""协同""融合""服务"和"创新"六大理念。

1. 践行"铸魂"理念。所谓践行"铸魂"理念，就是要求推进市域社会治理现代化必须坚持中国共产党的绝对领导，铸造新时代中国特色社会主义思想引领市域社会治理现代化的政治之魂。党的十九届四中全会报告明确指出："中国共产党领导是中国特色社会主义最本质的特征，是中国特色社会主义制度的最大优势，党是最高政治领导力量。必须坚持党政军民学、东西南北中，党是领导一切的，坚决维护党中央权威，健全总揽全局、协调各方的党的领导制度体系，把党的领导落实到国家治理各领域各方面各环节。"这就表明，中国共产党是推进市域社会治理现代化的最高领导核心。在推进市域社会治理现代化过程中，坚持和加强党的全面领导，既是由我国的政治体制所决定的，也是基于我国历史与国情的正确选择。只有坚定党的理想和信念，始终不忘初心，牢记使命，将新时代中国特色社会主义思想铸入市域社会治理现代化的全过程，才能确保市域社会治理现代化的政治方向。

2. 践行"民本"理念。所谓践行"民本"理念，就是要求推进市域社会治

理现代化必须坚持以人民为中心的发展思想。党的十九届四中全会报告将“坚持以人民为中心的发展思想,不断保障和改善民生、增进人民福祉,走共同富裕道路”作为我国国家制度和国家治理体系的显著优势之一。坚持以人民为中心的发展思想,就必然要求市域社会治理现代化践行“民本”理念,彰显市域社会治理现代化的核心价值取向,确保人民群众在市域社会治理现代化中的主体性地位。人民群众是推进市域社会治理现代化的真正主体,是推进市域社会治理现代化的动力源泉。在推进市域社会治理现代化的过程中,只有践行“民本”理念,才能最大限度地调动人民群众参与市域社会治理的主动性、积极性和创造性,才能集思广益,群策群力,充分激发社会治理活力,有效化解社会矛盾,维护市域社会秩序,才能增强人民群众的获得感、幸福感和安全感。

3. 践行“协同”理念。所谓践行“协同”理念,就是要求推进市域社会治理现代化必须正确处理好多元行动主体之间的关系,使之平等相处、携手合作。合作治理是推进市域社会治理现代化的基本要求。党的十九届四中全会报告提出了“民主协商”的社会治理体系建设目标。要实现这一目标,就必须正确处理好市域社会治理现代化中各行动主体之间的关系,使之在相互认同、相互承认的基础上形成一种平等合作的伙伴性关系。只有这样,才能真正形成市域社会治理的合力。

4. 践行“融合”理念。所谓践行“融合”理念,就是要求市域社会治理现代化必须充分整合不同行动主体的功能,使之相互依存、融为一体。党的十九届四中全会报告明确指出:“发挥群团组织、社会组织作用,发挥行业协会商会自律功能,实现政府治理和社会调节、居民自治良性互动,夯实基层社会治理基础。”这就表明,在推进市域社会治理现代化过程中,必须重视不同行动主体之间的功能融合,以实现不多行动主体之间关系与功能的优化。这种功能“融合”,并非将不同治理主体的功能进行简单叠加,而是要形成一种“你中有我,我中有你”的整合结构,才能获得治理效果的“乘数效应”。

5. 践行“服务”理念。所谓践行“服务”理念,就是要求推进市域社会治理现代化必须健全城乡社区服务机制,融民生服务于平安建设之中。“全心全意为人民服务”是中国共产党的根本宗旨，也是党和政府开展一切工作的出发点和落脚点。因此，在推进市域社会治理现代化过程中，必须注重把人力、财力、物力等资源更多地下沉到基层，以网格化管理、社会化服务为方向，健全基层综合治理服务平台，强化城乡社区自治和服务功能，健全新型城乡社区治理和服务体制，实现精神上“服心”、生活上“服困”、发展上“服技”、教育上“服学”。

6. 践行“创新”理念。所谓践行“创新”理念，就是要求推进市域社会治理现代化必须融入新内容、拓展新手段、开辟新路径。“创新”是党的十八届五中全会提出的“五大发展理念”的重要组成部分。习近平总书记指出：“坚持创新发展，是我们分析近代以来世界发展历程特别是总结我国改革开放成功实践得出的结论，是我们应对发展环境变化、增强发展动力、把握发展主动权，更好引领新常态的根本之策。”社会治理就是对社会管理的创新，市域社会治理是对基层社会治理模式的创新，因而推进市域社会治理现代化也就必需以“创新”为不竭动力。只有通过理念创新、体系创新和能力创新，不断在市域社会治理机构中融入新内容、拓展新手段、开辟新路径，才能不断提升市域社会治理现代化水平。

三、“一建五治”：推进市域社会治理体系现代化

要推进市域社会治理体系现代化，就必须既遵循党的十九届四中全会报告所提出的“完善党委领导、政府负责、民主协商、社会协同、公众参与、法治保障、科技支撑的社会治理体系”“健全党组织领导的自治、法治、德治相结合的城乡基层治理体系”的战略目标，又遵循党的十九届四中全会报告提出的“健全社会心理服务体系和危机干预机制”的行动目标。我们认为，市域社会治理体系现代化应该由党建引领、自治、法治、德治、心治与智治所构成，即“一建五治”。

1. 坚持党建引领。所谓坚持党建引领，是指推进市域社会治理现代化必须充分发挥基层党组织的方向掌舵和凝心聚力作用。基层党组织是推进市域社会治理现代化的“大脑”，它在市域社会治理现代化中具有价值引领、决

策制定、部门协调、监督管理等重要功能。只有坚持党建引领，充分发挥基层党组织在市域社会治理现代化中的价值引领、决策制定、部门协调、监督管理等功能，才能确保市域社会治理现代化的推进方向。要坚持党建引领，在宏观层面，必须加强顶层设计，构建基层党组织与其他行动主体合作共事、民主协商的正式制度环境；在微观层面，必须着力将乡镇街道的党群服务中心打造成为引领市域社会治理现代化的主阵地。

2. 坚持“五治”并举。所谓坚持“五治”并举，是指推进市域社会治理现代化必须坚持自治、法治、德治、心治与智治携手并进、共同发展。第一，自治是市域社会治理现代化的社会基础。应着力增强城乡社区居民的主体意识，充分发挥城乡社区居民在市域社会治理现代化中的主体性作用，必须尽快完善群众参与市域社会治理现代化的制度化渠道。第二，法治是市域社会治理现代化的制度保障。应着力增强城乡社区居民的法治意识与法治能力，树立法治权威，推广法治理念，学会运用法治思维和法治方式化解基层社会矛盾。第三，德治是市域社会治理现代化的伦理根基。应着力增强城乡社区居民的道德意识与自律能力，培育人人守则、人人守德、人人向善的良好社会风尚，深植社会秩序的伦理根基。第四，心治是市域社会治理现代化的情感杠杆。应着力建设社会心理服务体系，对城乡社区居民进行有计划的社会心理监测、引导、化解和危机应急干预，培育自尊自信、理性平和、积极向上的社会心态。第五，智治是市域社会治理现代化的科技支撑。应着力完善网格化管理和服务，加强“天网工程”“雪亮工程”等社会治理信息平台建设，充分利用“互联网＋”时代下的云计算、大数据、人工智能技术，增加市域社会治理的科技含量。

四、“六种能力”：推进市域社会治理能力现代化

能力建设是推进市域社会治理现代化的突破口。要推进市域社会治理现代化，就必须补齐能力“短板”，加强以下“六个提升”的能力建设：

1. 提升风险防控能力。所谓提升风险防控能力，就是要求推进市域社会治理现代化必须提高预测预警预防各类社会风险的能力。习近平总书记指

出:“我们既要有防范风险的先手,也要有应对和化解风险挑战的高招;既要打好防范和抵御风险的有准备之战,也要打好化险为夷、转危为机的战略主动战。”风险防控能力直接反映了市域社会治理应对新型社会风险的防范水平。可以说,提升风险防控能力,体现了市域社会治理由“痛定思痛”向“未雨绸缪”的理念转向。

2. 提升舆论导控能力。所谓提升舆论导控能力,就是要求推进市域社会治理现代化必须严格把控各类社会舆论的主阵地和话语权。党的十九届四中全会报告明确指出:“完善坚持正确导向的舆论引导工作机制。”这就必然要求,在推进市域社会治理现代化的过程中,要构建网上网下一体、内宣外宣联动的主流舆论格局,创新正面宣传的形式,健全重大舆情和突发事件舆论引导机制,建立健全网络综合治理体系,落实互联网企业信息管理主体责任。只有这样,才能严格把控各类社会舆论的主阵地和话语权,才能在市域范围内凝聚人心、共识和力量。

3. 提升群众工作能力。所谓提升群众工作能力,就是要求推进市域社会治理现代化必须开展细致入微、春风化雨、润物无声的群众工作。群众路线是我们党的优良传统和政治优势。提升群众工作能力,是践行市域社会治理现代化“民本”理念的内在要求。这就必然要求,在推进市域社会治理现代化的过程中,要完善党员、干部联系群众制度,创新互联网时代群众工作机制,始终做到为了群众、相信群众、依靠群众、引领群众,深入群众,深入基层。

4. 提升破解难题能力。所谓提升破解难题能力,就是要求推进市域社会治理现代化必须聚焦市域社会的重点难点问题,找准“病症”,开好“处方”。随着改革的纵深推进,市域社会必然面临越来越多的复杂性、综合性和特殊性难题。这就必然要求,切实增强市域社会治理的难题发现能力、难题分析能力和难题应对能力。只有这样,才能找准市域社会治理的“疑难杂症”,才能开出市域社会治理的“灵丹妙药”。

5. 提升资源整合能力。所谓提升资源整合能力,就是要求推进市域社会治理现代化必须优化配置政治资源、行政资源、市场资源与社会资源,使之相互融合、形成合力。提升资源整合能力,是践行市域社会治理现代化“融合”

理念的必然要求。在推进市域社会治理现代化的过程中,既要重视对人、财、物等有形资源的整合,也要重视对意识形态、价值理念、文化传统等无形资源的整合。

6. 提升信息处理能力。所谓提升信息处理能力,就是要求推进市域社会治理现代化必须增强社会治理信息的分类处置、研判分析与决策利用能力。提升信息处理能力,是实现市域社会治理智能化的必然要求。在推进市域社会治理现代化的过程中,各级党委政府必须建立社会治理信息处理专人负责制度,提升信息处理人员的专业化水平。

(作者单位:江西财经大学)

社会治理

以“五治五力”创新乡村治理机制

李劲夫

乡村是具有自然、社会、经济、文化特征的地域综合体。乡村是人类最具温度和伦理的人际关系，是人与人广泛交流的场域。它兼具生命、生产、生活、生态等多重功能，与城镇互促互进、共生共存，共同构成人类活动的主要空间。创新和改进乡村治理机制是国家治理体系的重要组成部分，也是实施乡村振兴战略的重要内容之一。乡村振兴则国家振兴，乡村善治则国家善治，治理有效是振兴有望的重要保障。这犹如“车之双轮、鸟之双翼”，缺一不可、不可偏废。

湖南现有14个市(州)、122个县(市、区)、1539个乡(镇)、24153个建制村。近年来，全省以习近平新时代中国特色社会主义思想和十九大精神为引领，以强化乡村党建为引擎、优化政府治理为引导、满足群众需求为引力、坚持改革创新为引线，进一步建立健全法规制度、理顺乡村治理关系，加大政府投入、夯实乡村治理物质基础，完善村规民约、引导村民有序参与，培育社会组织、强化社会协同，加强农村社区建设、健全农村服务体系，全面推进乡村振兴背景下乡村治理机制创新取得了显著成效。站在战略和全局的高度，对标对表中央精神和省委部署以及外地先进经验，加强和创新乡村治理机制仍要多方献智、多措并举，政治自治法治德治智治相结合，换来提升组织力、增加内生力、形成震慑力、强化感染力、提供支撑力，为新时代大力推进乡村治理体系和治理能力现代化，战胜新的挑战带来新的跃升。

一、以“政治建设＋组织力”助推乡村治理机制创新

习近平总书记指出，要以提升组织力为重点，突出政治功能，把基层党组织建设成为宣传党的主张、贯彻党的决定、领导基层治理、团结动员群众、推动改革发展的坚强战斗堡垒。截至2018年底，全省农村共有党组织63700个，其中建制村党组织49897个，其中党委63个、党总支10089个、党支部39745个；农村党员1848907人。乡村党员和党组织在创新新时代乡村治理机制过程中责任重大、使命光荣。乡村党组织既是乡村振兴的领导者，又是乡村治理的指挥者。应着力提升乡村党组织的组织力，将乡村党组织建设得更加坚强有力。

首先，加强政治建设，保持党的先进性。乡村党组织本身就是政治组织，有着鲜明的政治属性，必须把党的政治建设摆在首位。应提高政治站位、把准政治方向，增强“四个意识”、坚定“四个自信”、坚决做到“两个维护”，做政治上的明白人、老实人。站稳人民立场，做到眼睛向下、重心下移、工作下沉，真正融入乡村群众，在服务乡村群众的实践中增强政治才干，提高政治能力；加强政治历练，在大是大非面前敢于亮剑，在思想交锋中敢于发声，做勇于斗争的“战士”。以提升组织力为重点，坚持“三会一课”制度，加强乡村党组织带头人队伍建设，着力解决一些乡村党组织弱化、虚化、边缘化问题。始终保持党的先进性、方向性，政治上站得稳、靠得住，把加强政治能力建设贯穿领导乡村治理的全过程，落到组织乡村治理的大实处。

其次，加强组织建设，保持党的健全性。党的力量来源于组织，强化乡村党组织引领乡村治理的政治功能，重点是优化乡村党组织的组织设置，实现党组织和党的工作“全覆盖”。认真贯彻“控制总量、优化结构、提高质量、发挥作用”的总要求，坚持精准调控与质量提升并重，优先发展致富带头人、退役军人、回乡创业大学生、乡村社会组织负责人和社会工作者等优秀积极分子入党。根据乡村经济社会发展与党员活动的特点，积极探索建立“乡村大党委”工作机制，深入推进区域化党建工作。有针对性地抓“合乡并村”后的党建工作，将党支部设置在乡村屋场、乡村园区、乡村市场和乡村经济组织、社会组织中。摸清党员分布情况，加强流动党员和无职党员的教育管理，让

每一个党员都活动在党的组织之内。坚持哪里有群众哪里就有党的工作、哪里有党员哪里就有党组织、哪里有党组织哪里就有健全的组织生活和党组织作用的充分发挥。扎实推进党支部“五化”建设,不断提升党支部规范化、标准化水平,持续加强乡村党组织的健全性,增强党在乡村的向心力、凝聚力、执行力和创造力。

最后,加强作风建设,保持党的纯洁性。作风问题本质上是党性问题、政治问题。抓作风建设,就要返璞归真,固本培元,重点突出坚定理想信念、践行根本宗旨、加强道德修养。抓作风必强党性。“本立而道生”,坚定的信仰、坚强的党性是全面从严治党的重要举措,是加强政治建设的内在要求。乡村党组织必须将全面从严治党、加强党风廉政建设的要求落实到每一名党员学习、工作、生活中的各个环节、各个角度,做到纯洁组织、纯洁党员。压实乡村党组织的主体责任,开展党建述职考核,层层传导压力,一级管好一级,一级带动一级。严格落实乡村纪委监督责任,用好执纪“监督”四种形态,保持反腐高压态势,对发生在村民群众身边的“微腐败”持“零容忍”态度,一查到底、严肃处理,决不心慈手软、不搞“下不为例”,为正党风守党纪不怕得罪人,给推动乡村振兴和乡村治理提供坚强的党风党纪保障。

二、以“自治建设 + 内生力”助推乡村治理机制创新

加强乡村治理体系建设是实现乡村全面振兴、巩固党在农村执政地位、满足农民群众美好生活需要的必然要求。乡村自治是一个民族在长期实践与经验中形成的自己的民主形式和生活状态。加强乡村自治是搞好乡村治理机制创新的“题中应有之义”。而深入开展好“三项行动”则至关重要。

一是开展村级民主制度健全行动。健全党组织领导的村民自治机制必须完善村民民主议事协商制度,指导村民议事会健全农村公益事业建设“一事一议”程序。建立由村民议事会协商,以村“两委”为主渠道落实、村民监事会进行全程监督的惠民项目资金使用监管机制。探索在乡镇(街道)建立社区(村)发展基金,支持城乡社区运用“一事一议”机制开展微治理、微建设、微服务。落实村民民主议事协商保障政策,将村民议事协商结

果作为村“两委”决策或政府审批的重要参考和前置条件。宣传推介一批村民议事协商成果，做好总结提升工作，形成可复制、可执行的改革创新经验。完善村务决策和监督机制。依法明确村民会议、村民代表会议、村民议事会、村民理事会、村民监事会功能定位，制定完善运行制度，科学、民主决策村级事务。推行村级权力清单制度，发挥“互联网＋监督”平台和村务公开栏作用，完善线上线下村务监督机制，常态化推进“雁过拔毛”专项整治，严肃查处惠民项目资金、集体资产管理，土地征收等领域的突出问题。规范村级会计委托代理制，加强农村集体经济组织审计监督，开展村干部任期和离任经济责任审计。

二是开展村级公共服务完善行动。在被撤并的乡镇政府驻地村、合并后的中心村、城郊村积极稳妥扩大农村社区建设覆盖面。优先支持农村社区建设公共服务综合平台，建立和完善智慧乡村信息网络、为老服务网络等基本公共服务内容。推进“互联网＋村务”、电商平台、公共法律服务平台进村部，促进乡村服务运行信息化，为村民生产、生活提供更多便利。推进以乡镇为中心的农村社会福利体系建设，重点针对农村老年人、残疾人、“三留守”人员改造建设幸福院，社区照顾服务中心，留守老人和儿童关爱中心等微设施，完善农村救助、法律援助、养老、抚幼、助残等关爱服务机制。继续推进区域性（中心）农村特困人员供养服务机构建设，实施农村特困人员供养服务机构照料护理区改造项目，在2019年全省新增2000张照料护理床位，建设3000所农村留守儿童之家，到2020年为50%以上生活不能自理的特困人员提供照料护理服务，每千名老年人口拥有养老床位达到35张，农村养老服务设施覆盖率达到60%以上，力争实现农村留守老人和儿童之家全覆盖。

三是开展村民自治实践深化行动。完善党务、村务、财务“三公开”制度，组织开展村务公开栏规范化建设工作验收。规范村务公开内容更新程序，加强村务公开栏日常管理，完善村务“线上线下”公开互动机制。完善村务管委会运行机制，积极宣传推介村务监督好经验。到2020年实现村务公开内容、形式和程序规范化目标。完善村民（代表）会议制度，推进民主选举、民主协商、民主决策、民主管理、民主监督实践，扩大以自然村或村民小组为“微单元”的村民自治试点，指导浏阳市、石门县抓紧形成可复制、可推广的试点；2020年覆盖到所有县市区。增强村民自治组织能力，丰富村民议事协商形式，进一步激发村民自治内生动力，形成民事民议、民事民办、民事民管的多层次基层协商格局，深化村民自治实践行动，为振兴湖南乡村、建设富饶美丽幸福新湖南奠定坚实基础。

三、以“法治建设＋震慑力”助推乡村治理机制创新

如果说，基层群众自治制度是我国宪法规定的一项基本政治制度的话；那么，发挥法治保障作用则是大力推进乡村治理体系和治理能力现代化的“重头戏”。

首先，增强法治理念，做到人人懂法。习近平总书记强调，全面依法治国是国家治理的一场深刻革命，必须坚持厉行法治，推进科学立法、严格执法、公正司法、全民守法。创新乡村治理机制必须加大乡村普法力度，建设乡村法治文化，树立宪法法律至上、法律面前人人平等的法治理念。必须清醒地认识到，公民法治意识是法治国家建设的重要指标，极大影响着法治国家建设进程和建设效果，伴随着法治国家构建的始终。法治意识是法治国家的关键要素，法治国家又是法治意识的基本载体，二者互相作用、互相促进。法治意识并不是每个人天生就有的，需要有一个学习和训练的过程。乡村党组织应切实负起推进法治乡村建设责任，村民法治意识的培养应该从小开始，从农村学校课堂开始。通过学校教育的正确引导，让学生成为乡村法治意识的业余宣传员。应广辟法治讲座渠道，广开法治经典课程，广设法治乡村业余学校。不过，仅有课堂学习还不够，社会还应该在法治意识培养方面有更多作为。应通过报纸、杂志、电视、广播、互联网等各种媒体深入开展农村法治宣传教育，实现村民人人知法守法。应通过社会组织和社工人才对村民进行法治培训，深入浅出、以案释法、一起互动、教学相长、潜移默化，调动村民学习法治、践行法治的积极性。通过多种途径，使法治常识成为每个乡村人的内心自觉，铸成每个乡村人对法治的真诚信仰，这才是实现法治乡村美好生活的关键所在。

其次，搭建法治平台，做到事事依法。着眼解决乡村执法力量分散，难以“握指成拳”等问题；着重走法治化的改革路径，通过“权责法授”为乡村法定机构厘清职责、保驾护航；着力建立综合执法平台，推动执法力量下沉到乡村，完善综合执法实体化、常态化机制，实现时时依法、事事依法。应全面实施“一村一辅警”农村警务模式，破解农村治安工作薄弱难题，增强群众安全感，谱写警民鱼水情。为确保驻村辅警“沉得下、留得住、干得好”，应明确驻村辅警列席村支“两委”会议，表现优秀且符合条件的应在村支“两委”兼职。全面实行“三联”工作机制，即驻村辅警分片联合巡逻机制、驻村辅警协同乡（镇）村干部联合调处矛盾纠纷机制、驻村辅警 AB 岗位联动履职考核机制。这样，驻村辅警像一个个“棋子”遍布每个村组屋，激活乡村治安防护这盘“大棋”，实现警徽耀乡村，护卫平安梦。

最后，坚持依法治村，做到个个守法。宣传法治，遇事找法，办事依法，“法”字随处可见，才能让每个村民群众尊法、知法、守法。农村有线广播时常播放普法节目，户外大屏幕、乡村宣传栏、村道两旁、村中长廊等地随处可见法治标语，让“守法光荣，违法可耻”等依法治村理念入心入脑、家喻户晓，让乡霸村霸等黑恶势力的犯罪行为成“过街老鼠、人人喊打”。强化法治“定分止争”，做到每个村庄（社区）都有法律服务室，有法律顾问、有持证上岗的调解员，深入村庄（社区）巡回调解。实现法律走进村，纠纷不出村。通过驻村法官帮助村民用法解决一件件土地纠纷、旅游纠纷、劳动争议等，让村民相信“法”的力量，从“信访”转向“信法”。积极探索并创新性地推出诸如“村民说事”“板凳法庭”“法治驿站”“法律诊所”等接地气的法治服务组织，鼓励他们除普法宣传推动全民守法外，还负责提供法律咨询和纠纷调解，为乡村集体重大决策、重要合同进行“法律体检”，成为乡村法治的实体平台和依法治村的重要力量。继续巩固和加强村级人民调解组织建设，加大矛盾纠纷预防排查化解力度，褒奖善人、震慑恶人，打造共建共治共享的乡村治理格局。

四、以“德治建设 + 感染力”助推乡村治理机制创新

习近平总书记指出，要提高人民思想觉悟、道德水准、文明素养，提高全

社会文明程度。深入实施公民道德建设工程,推进社会公德、职业道德、家庭美德、个人品德建设,激励人们向上向善、孝老爱亲,忠于祖国、忠于人民。推进诚信建设和志愿服务制度化,强化社会责任意识、规则意识、奉献意识。为此,应认真学习和领会习近平总书记《关于加强思想道德建设的重要论述》精神,高度重视在乡村治理中发挥德治教化作用,走好走稳走远乡村善治之路。

一是用新乡规立德治之策。乡规民约是自发形成的,主要是指依靠道德约束而形成的民间行为规范。十八届四中全会《决定》和2015年中央1号文件的文本使用的是“乡规民约”。它一方面有吸取传统社会治理资源、回归“乡村治理”之意;另一方面是作为统称,范围上还包括民间传统家训族规等。而“村规民约”的实践地域并非“乡”,而是村民共同生活的“村”。但总体来讲,村规民约与乡规民约的内涵还是基本一致的。乡规民约源远流长,道德文明具有深切、持久的引领力量。根据中办国办近日颁布的《关于加强和改进乡村治理的指导意见》精神,应从自治法治德治相结合的乡村治理出发,围绕新时代新要求,与时俱进、开拓创新,以县市区为单位,以完善内容和规范程序为重点,组织开展村规民约集中清理修订工作,除旧布新,勇立新规。应以社会主义核心价值观为统领,深入挖掘中华优秀传统文化,大力弘扬革命文化和社会主义先进文化,加强社会诚信体系建设,打造具有中国特色、彰显时代精神的德治体系,支持和保障村规民约在传承优良传统、倡导文明新风、淳化乡风民俗中发挥社会规范作用。为立德治之策,全省新乡规即村规民约覆盖率、修订率均应尽快达到100%。并加大优秀新乡规村规宣传引导力度,省级每年评选推介一批优秀乡规村规德治教化成果,以德润乡润村,让德治成为“春风化雨”滋润“三湘大地”。

二是用新乡贤弘德治之威。乡贤文化,不仅是有记录、保存、流传等看得见的贤达与善举,更是溶于民族血脉并世代传承的文化模式。国家《“十三五”规划纲要》有关解释指出:“乡贤文化是中华传统文化在乡村的一种表现形式,具有见贤思齐、崇德向善、诚信友善等特点。”近年来,全省各级各部门大力加强农村精神文明建设,积极构建弘扬新乡贤文化,切实发挥新乡贤在乡村振兴和乡村治理中的带头引领作用,涌现出一批品德高尚、热爱家乡、造福桑梓、事迹感人的新乡贤。2018年，由省农业农村厅、省文明办、省文化和旅游厅联合启动湖南省首届“最美新乡贤”评选活动，至2019年3月结束，经各市县推荐、专家评审、实地考察等环节，邓辅唐等10人被授予“最美新乡贤”称号。例如，深圳警备区原副司令员李元成退休后，回到家乡桃源县马鬃岭镇刘炎村，带领村民将一个贫困村发展为全省新农村建设示范村；湖南科技大学教授夏昭炎回到家乡攸县石羊塘镇谭家垅村播种文化，村里形成了热衷于读书干事创业的浓厚氛围。这10名“最美新乡贤”中有的助力乡村建设，有的热心家乡公益事业，有的坚定守护非遗文化，为当地乡村经济社会发展作出了突出贡献，得到了社会认可。在乡村振兴背景下乡村治理机制创新中应正确认识乡贤文化，高度重视遴选新乡贤。通过新乡贤讲法理、讲道理、讲情理，借助新乡贤贴近群众和嘉言懿行的优势，聚民智民力、护公序良信，让民事民议、民事民办、民事民管蔚然成风。加大对新乡贤的宣传力度，积极营造“立乡贤、学乡贤、做乡贤”的浓厚氛围，引导大家见贤思齐、崇德向善、弘扬德治威力，推动乡村治理现代化，为全面实施乡村振兴战略、创新德治在乡村治理中的感染力提供动力和支持。

三是用新乡风成德治之事。加强文化建设和道德引领，破除陈规陋习，培育文明乡风、良好家风、淳朴民风，推进农村德治建设，提高乡村社会文明程度。全面贯彻落实省文明办、省民政厅、省纠“四风”治陋习专项整治工作办公室《关于印发〈关于在全省开展文明节俭操办婚丧喜庆事宜的工作方案〉的通知》，倡导城乡居民文明节俭操办婚丧喜庆事宜，婚事新办、丧事简办、其他喜庆事宜不办。推动乡村成立红白理事会，将文明节俭治丧，节地生态安葬，文明低碳祭扫纳入村规民约和村民自治章程，坚决遏制部分群众相互攀比、大操大办，超标准建墓立碑。开展农村散埋乱葬、墓地水泥硬化专项治理，推动乡镇集中治丧场所和农村公益性墓地建设，推动实施农村绿色殡葬。到2020年，实现节地生态安葬率达到50%。乡村党员干部带头弘扬文明新风，自觉做移风易俗的先行者、新风正气的推动者、以德润村的实践者。弘扬湖湘好家风、好村风，营造和谐的婚姻家庭和邻里关系，用文明新乡风夯实道德底蕴，成就德治乡村的千秋伟业。

五、以"智治建设 + 支撑力"助推乡村治理机制创新

实现乡村有效治理是乡村振兴的重要内容。加强和改进乡村治理，除了以政治为引领、以自治增活力、以法治强保障、以德治扬正气之外，还有作为"压舱石"的重要一环就是以智治作支撑，走中国特色的社会主义乡村善治之路，建设充满活力、和谐有序的乡村社会，不断增强广大农民的获得感、幸福感、安全感。

首先，强化大智慧支撑。坚持用习近平新时代中国特色社会主义思想武装头脑、指导实践、推动工作。党的十八大以来，习近平总书记在讲话、文章、访谈中，善于以"用典故、讲故事、打比方、说金句"传递治国理政思想，风格鲜明、内涵深刻，深受广大乡村干部和农民群众喜爱。大家收听收看《平"语"近人——习近平总书记用典》等专题专栏特别节目后深有感悟、大有收获。一致认为习近平总书记真的非常有智慧，他总是将"语言的艺术"发挥到了极致，不愧是大智慧之人。金子"久薶不生衣，百炼不轻"，金句"久读不生厌，常读常新"。应深入钻研习近平新时代大智慧，做到真学真懂真信真用；生动阐释习近平新时代大智慧，做到言为心声、内化于心、外化于行；广泛传播习近平新时代大智慧，做到立时代之潮头、通古今之变化、发思想之先声，讲好中国故事背后的理论；努力践行习近平新时代大智慧，守初心、担使命、找差距、抓落实，往深里学、往心里走、往实里干，带着问题学、结合实际查、找准差距改，与时代同步伐、与改革同频率、与实践同发展，以主题教育提振干事创业精气神，用理想信仰之力开创美好奋斗未来，让乡村治理插上大智慧的翅膀，飞进千万家，引领百业兴。持续深入学习贯彻习近平总书记基层社会治理重要论述精神，始终坚持守正创新，坚持以人民为中心的发展理念，完善党组织领导下的群众自治机制，深入推进"三社联动"，精心开展实验创建，不断探索乡村治理新经验，努力开创乡村治理新局面。

其次，强化高智能支撑。过去几十年，人类社会经历了激动人心的数字化、网络化和智能化变革。在我们生活的物理世界已经出现一个数字网络世界的雏形，人们的很多活动直接发生在数字网络世界中，同时物理世界和数

字网络世界被连接起来，线上线下生活紧密交融，数字化生活时代已经到来。大数据、云计算、人工智能等先进的科技信息技术，已成为推动乡村振兴背景下乡村治理的重要引擎和科技支撑。应加快推进乡村治理智能化建设，打造数据驱动、人机协调、跨界融合的智能化治理新模式，助推乡村治理决策科学化、防控一体化、服务便捷化。

最后，强化新智库支撑。近年来，新型智库犹如雨后春笋般地层出不穷。新型智库为乡村振兴背景下乡村治理进行理念创新、方法创新、机制创新提供了全新的平台和丰富的资源。我们应从战略高度运用好新型智库，借助乡村治理"外脑"、智囊团，使之成为破解乡村治理难题的有力武器和得力助手。新智库是思想与行动的桥梁，既是决策咨询的提供库，也是公众认知的引导者。优秀的智库必须具备客观性、准确性、可信性、针对性。湖南省加强和改进乡村治理之所以取得骄人的成效和成果，是与涌现了一大批出色的优秀智库和智库工作者分不开的。近年来，以湖南省社科联和湖南省省情与对策研究中心为代表的人民团体、以湖南省省情研究会和湖南省城乡社区治理协会为代表的社会组织为创新乡村振兴背景下乡村治理不断把脉问诊、献智出力，提供了许多真知灼见和智库支撑。加强和改进乡村治理是一项长期而艰苦的任务。"铁肩担道义，妙手著文章"。玉鉴琼田三万顷，再鼓长风弄大潮。各级各类乡村治理智库和智库工作者应"跳出乡村看乡村""跳出治理论治理"，前瞻性地发现乡村治理问题，深入挖掘乡村治理经验；上接天线、下接地气，善于把理论与实践、历史与现实、本地与外地、正面与反面、硬件与软件有机结合起来，学贯中西、旁征博引、加强协作、融会贯通；把初心当恒心，把使命当担当，提供一大批高质量、高水准的创新乡村治理体制机制的优秀智库成果，为做好基层治理、助力乡村振兴、建设富饶美丽幸福新湖南、实现中华民族伟大复兴的"中国梦"而贡献聪明才智，发挥智治支撑作用。

（作者单位：湖南省民政厅）

当前我国社会治理面临的突出问题及对策建议

李 德 李 军 吴寒青

一、当前我国社会治理面临的突出问题及其表现

党的十八大以来，在以习近平同志为核心的党中央坚强领导下，各地各有关部门坚持党对社会治理工作的领导，坚持以人民为中心的发展思想，围绕推进国家治理体系和治理能力现代化的新要求，努力打造共建共治共享的社会治理格局，促持了经济社会的持续健康发展，保持了政治社会大局的基本稳定。但随着我国社会主要矛盾发生历史性转变，以及国内、外局势发生深刻变化，当前我国社会治理还面临一些新形势新任务，还存在一些不适应、不协调的短板和问题，主要表现在以下几个方面：

（一）思路理念还不够到位

有的地方主要领导对社会治理重视不够，没有把社会治理摆到全局重要位置进行研究谋划。有的领导干部仍然存在唯 GDP 倾向，重经济建设轻社会建设、重管理轻服务、重项目轻治理，认为社会稳定只要不出事就行，对社会治理的重要意义、丰富内涵、主要任务等认识不足。有的以人民为中心的发展思想不牢固，很大程度上存在着把治理当管理，提供更有效的公共服务和社会服务的意识和理念不强，一些基本公共服务与群众需求脱节、错位；一些地方存在“小官僚”“微腐败”，干群关系不和谐，导致政策“最后一公里”没有打通；一些单位、个人要求共享的意识强，主动参与共建共治的意识弱；一些人国家集体观念和社会公德意识淡薄，存在着“政府干、群众看”“等、靠、要”思想。

（二）工作布局还不够均衡

从全国范围来看，东中西、城乡社会治理基础条件差异很大，统筹协调、

分类指导还不够；政府公共服务资源相对有限，而群众的需求日益增长，公共服务存在总量不足、质量不高、城市强乡村弱等问题；基层条强块弱现象普遍存在，乡镇（街道）“责任无限大、权力无限小”，对属地内有关部门和单位统筹力不强；基层党组织覆盖面还有待拓展，一些基层党组织软弱涣散，领导力、组织力不强，有的地方家族、宗族势力强，有的基层政权甚至被黑恶势力把持；一些农村人才流失严重，治理人才难寻、后继乏人，治理能力严重不足。

（三）治理方式还不够完备

有的地方政府职责转变还不完全到位，存在越位、缺位等现象；“放管服”改革虽然取得很大成效，但是“门难进、脸难看”问题解决后，又出现“人难找、事难办”现象；有的过于依赖行政手段，综合运用引导、疏导、法治、协商、协调、教育等方式进行治理还存在较大提升空间；有关社会治理的法律制度不完备，有的领域存在无法可依问题；有的地方执法司法公信力不高、权威性不强，有的执法活动受阻挠；有的基层自治组织不健全、缺乏有效载体，发挥作用不够；有的虽然明确了清单，但习惯上容易被看作政府部门的延伸，承担了过多行政事务，对社区考核过多，存在“一看二干多个查”现象；有的地方宣传教育不够，存在“道德不彰”现象；社会组织活力尚未得到充分激发，自身发展和作用发挥都不够充分，自身建设水平有待提高。

（四）体制机制还不够健全

有的地方公众参与途径不畅、方法不多，需要加强引导；城乡基层社区自治机制不完善，群众参与村（社区）民主决策、议事协商还需进一步拓展，群众自治能力有待加强；基层社会治理平台还有待优化，特别是各级综治委撤销后，县乡综治中心骨干流失，基层社会治理“沙滩流水不到头”问题仍然存在；基层网格化受多个部门管理，网格员承担了过多的日常事务，既没有能力也没有精力做好每项工作，有的地方存在矛盾信息无人发现、无人报送或者报送不及时不准确问题。

（五）工作保障还不够有力

城乡基层街道、社区资金、人员、能力等多方面制约因素仍然较多，没有做到费随事转；乡镇（街道）小马拉大车，需要完成职能部门交办的许多任务、应付许多考核检查；一些农村集体经济薄弱，组织党组织活动、动员群众等比较困难；一些“空心村”年轻人外出打工较多，村干部待遇较低、吸引力不强，难以选出优秀的带头人。

这些现实问题的存在，在一定程度上制约了社会治理工作的顺利推进，从长远来看，给社会稳定带来很大隐患，需要下大力气进行破解。

二、对今后加强社会治理创新的思考及政策建议

中国共产党第十九届中央委员会第四次会议强调，社会治理是国家治理的重要方面，必须加强和创新社会治理，完善党委领导、政府负责、民主协商、社会协同、公众参与、法治保障、科技支撑的社会治理体系。当前，加强与创新社会治理应坚持以习近平新时代中国特色主义思想为指导，站在巩固党执政基础和群众基础的政治高度，按照党的十九大作出的战略部署，准确把握新时代社会治理的阶段性特征和现实性问题，坚定不移走中国特色社会主义社会治理之路，打造共建共治共享的社会治理格局，推进社会治理现代化，不断增强人民群众的获得感、幸福感、安全感。

（一）坚持把党的领导作为根本保证，努力把政治制度优势转化为社会治理的效能

党的领导是我国社会治理的本质特征和最大优势，确保社会治理始终沿着正确方向前进。一要发挥各级党委的领导核心作用。加强顶层设计和高位推动，统筹各方力量资源加强和创新社会治理，把社会治理融入经济社会发展全过程，构建党委领导、政府负责、群团助推、社会协同、公众参与、群众自治的社会共治圈。结合城乡、区域、人口等不同情况，研究基层党组织领导作用发挥的实现路径和方式方法，构建上下衔接贯通、左右协调联动的基层党建联动体系，推动单位党建、行业党建、区域党建互补互动，促进组织融合、感情契合、资源整合。二要发挥政府在社会治理中的主导作用。进一步优化机构设置、职能配置、人员编制，深入推进简政放权，提高运行效率，完善公共服务管理体制，推进基本公共服务均等化、普惠化、便捷化，把不该政府管理的事项交给市场、社会，把该由政府管理的事项管住管好。三要推动社会各

方面广泛参与。打破基层社会治理"自上而下""行政包办"的模式,统筹政府、市场、社会力量,完善社会组织参与、市场参与、群众参与等多种形式,实现权责统一、风险共担、成果共享。激发社会组织参与活力,加强社会组织培育和管理,从政策、项目、资金入手,优化社会组织发展环境。引导市场、社会资源和力量投入基层治理,建立新型社会治理资源供给模式,实现"基本"公共服务由政府提供、"非基本"公共服务主要由市场提供。四要推动基层体制改革。明确乡镇(街道)在基层社会治理工作中的定位,推动基层工作重心转移到社会治理上来。按照扁平化思路,合理界定条块职责,推动有效协同,健全责任清单,真正给基层减负。改进考评制度,有效避免"权限在职能部门、责任在乡镇(街道)"等问题。加大对基层的投入力度,创新资金筹措渠道,提高基层干部待遇。

(二)坚持把人民利益作为基本价值取向,最大限度激发社会治理活力

社会治理必须为了人民、依靠人民,坚持人民主体地位,最大限度地维护广大人民群众的根本利益。一要善于凝聚"民心"。以人民群众需求为导向,推动将改革发展红利惠及全体人民,从人民群众最关心、最期盼的医疗、教育、收入分配、社会保障等现实问题入手,加强普惠性基础性民生建设,织密织牢民生保障网,让人民群众收入增加、住有所居、出行便捷,享受到应有的教育、医疗、社会保障。二要善于汇集"民智"。积极引导和鼓励群众参与社会治理,将与群众利益密切相关的公共问题纳入基层协商内容,"与群众商量着办",推进民事民议、民事民办、民事民管。搭建汇集民意、汇聚民智的基层治理平台,打造建立数字化、网格化、精细化的协调沟通机制,为意见沟通、吸纳民意、运用民智提供支撑。三要善于实现"民安"。以坚决防止发生重特大案事件为切入点,织牢社会面、村(社区)、重点行业等安全防控网,推进基层公共安全风险隐患排查整治制度化常态化。强化风险隐患的滚动排查、持续整治、源头管理、过程控制,切实提高维护公共安全能力。

(三)坚持把善治作为基本目标,不断推动社会治理方式创新

推进社会治理现代化,创新社会治理方式是关键。一要强化自治的基础作用。自治是人民当家做主的最直接形式,自治越发展,共建共治共享的质

量越高。要健全基层党组织领导的基层自治机制，推进民主选举、民主协商、民主决策、民主管理、民主监督。要突出群众自治主体地位，充分发挥村（居）委会自治功能，加强业委会等组织规范运作。二要强化法治的保障作用。法治是最有效的社会治理方式。要坚持用法治精神审视社会治理、用法治思维谋划社会治理、用法治方式解决治理难题，把社会治理纳入法治化轨道。要加强立法，有规划、有重点、有步骤、点面结合地推进社会治理领域立法，制定完善社会治理相关法律法规，明确各类社会主体参与社会治理的权利、义务和程序，搭建立意良善、权责明晰、预期稳定的社会治理法治体系。三要强化德治的教化作用。法治时空有界，道德力量无穷。要以社会主义核心价值观为引领，推进德治与平安文化的融合贯通，将符合社会主义核心价值观的优秀本土文化，渗透到社会生产生活各方面。深入挖掘德治资源，健全德治体系，强化德治约束，用柔性治理提高社会韧性。加强诚信奖惩机制建设，推动在物质奖励、荣誉评选等方面让有德者有“得”，树立鲜明价值导向，形成“法安天下、德润人心”的良好氛围。四要强化智治的支撑作用。智能化是社会治理现代化的重要内容。进入“云”“网”新时代，要推进现代科技与社会治理的深度融合，最大限度实现社会治理智能化。创新智慧服务方式，善于运用新技术精准匹配社会治理资源，探索开发主题式、套餐式、移动式服务方式，缩短服务群众距离，优化社会治理效能，实现社会治理方式的革命性变革。加强以信息化、智能化为特征的社会治安防控体系建设，充分运用大数据等技术、平台和资源，强化对各类基础要素的时空关联和动态信息的汇总研判、挖掘分析，精准掌握变量，准确把握趋势规律，进一步提高预测预警预防能力。

（四）坚持以源头预防为重点，完善社会治理体制机制

机制活、全盘活，需要进一步转职能、调机制，完善社会治理体制机制。一要完善重大决策社会稳定风险评估机制。推动从法律制度层面将风险评估列为必经的前置程序和刚性门槛，健全专家咨询、社会公示与听证、风险评估、合法性审查、第三方评估等制度，探索实施稳评领域资质准入和行业管理，提高评估公正性，增强决策公信力，将矛盾风险化解在项目实施前，实现

群众抵触最小化、满足最大化。二要完善矛盾纠纷多元化解机制。积极探索“互联网+矛盾纠纷多元化解”，运用“网上调解”“视频调解”“微信调解”等方式，将“线下”调解搬到“线上”，让群众不用赶路也能化解矛盾、解决问题。善于运用大数据技术、信息化手段，建立社会矛盾排查预警指标体系，运用数据分析模型，关联挖掘重大热点难点问题和矛盾隐患。三要完善平安建设协调机制。按照机构改革要求，尽快建立平安建设协调机制，构建上下贯通、协调有力的工作体系，加强顶层设计和统筹谋划。四是完善基层建设机制。推动社会治理重心下移，把人财物更多地投到基层，提高基层服务群众的能力。落实党的政法工作条例，加强综治中心建设，健全矛盾纠纷调解室、心理咨询室、法律服务室、社会组织孵化室等功能，使各类资源实现“物理整合”“化学融合”，将综治中心建设成为自治、法治、德治的枢纽和联动、融合、共治的平台。深化拓展网格化服务管理，优化网格员队伍，变“条线网格员”为统一管理、一员多用的“综合网格员”，开展组团式服务，实现资源力量在网格整合、服务能力在网格提升、社会矛盾在网格化解、风险隐患在网格防控。五要完善心理疏导和危机干预机制。加强社会心理服务阵地、队伍、制度建设，将矛盾突出、生活失意、心态失衡、行为失常及性格偏执人群、治安高危人群等纳入视线，逐步形成前端普遍服务、中端监测预警、末端精准干预的社会心理服务体系，有效化解个人极端案事件风险。

（作者单位：中国浦东干部学院；中央政法委社会治理局）

新时代如何实现社会治理重心下移

邓志强

宏大的政策愿景需要落实到人民群众日常生活场景。社会治理的“根”在基层，推动社会治理重心向基层下移，这是加强社会治理创新的必然趋势。社会治理重心下移是指社会治理主体在基层，人、财、物、政策等资源、要素流向基层，矛盾冲突解决在基层。党的十九届四中全会提出构建基层社会治理新格局，推动社会治理和服务重心向基层下移，把更多资源下沉到基层，更好提供精准化、精细化服务。当下，社会治理重心下移在学术界和实践领域已经达成共识，而如何实现社会治理重心下移，是摆在新时代国家治理面前的重大课题。

形成共同体意识是实现社会治理重心下移的基础。共同体意识与社会治理重心下移具有内在契合性。社会治理共同体是指人人有责、人人尽责、人人享有，强调社会治理是“大家”的事情，必须依靠“大家”齐心协力，共同参与，成果共享。社会治理重心下移的实质是每个社会成员共同参与、共同建设社会治理格局，共同享有社会治理成果。换言之，其实质是共同体发展的结果。打造共建共治共享社会治理格局与构建新型共同体是同步的。共同体意识是指共生共存联合体的精神，是一种牵制力量，它可以对抗市场经济的负面效应，可以消减利己主义和个人主义的消极作用，在政府与市场中间达到平衡。社会治理只有回归共同体视野，尊重共同体中社区和初级群体的主体地位和作用，才能够推进社会治理重心从顶层向基层下移，才能真正形成共建共治共享的社会治理格局。与此同时，“枫桥经验”告诉我们，要解决社会治理的难点和痛点，就必须发现基层的力量，发掘社会组织的力量，发挥基层社会力量的合力。这就要求打造一个地缘共同体、利益共同体和情感共同体。一是培育社区共同体意识。社区是社会成员生活的基本单位和主要场域。重构新型共同体的基本前提，就是培育共同体精神和文化。社区是社会成员社会化和产生心理归属感的最重要场所，因此，社区是培养共同体精神和文化的立足点，也是社会治理的立足点和落脚点。湖南常德市开展"我的社区我的家""我的社区我奉献"和"我的社区我做主"三大主题活动，经常性开展"百家宴""书香社区"等社区文化活动，通过持续性活动开展，逐渐形成社区共同体意识。二是打造社区文化。社区文化是社区治理和建设的根本之基，具有长远性的影响力。实现社区文化"落地生根"，就是让其融入社区居民生活之中；实现社区文化"落地生花"，就是让其成为社区治理和建设的源源动力。实现社区文化落地，要紧紧抓住两个建设：第一，要抓"硬"建设。一进某社区，公共基础设施就能传递该社区的特色、理念等。"硬"建设切勿千遍一律，而是无形的社区文化通过有形的设施设备设计展现出来。第二，抓"软"建设。社区文化本身就是一种软实力，社区要基于历史资料的挖掘和现实发展的需要，塑造特色鲜明的社区文明理念、价值取向等，通过社区文明公约等载体融入社区居民眼里、脑里、心里、行为里。三是培育公众参与治理的主体意识。共同体的关系性思维方式超越了对象性思维方式。过去社会管理的管制思维将社会组织、公众纳入"对象"而不是"主体"。社会组织、公众与党、政府均是社会治理格局的主体，角色分工不同而已，他们是一个共同体，都是为了维系良好的社会秩序。他们是一个共同体，是一种共在、共生的关系。共在关系是指党、政府、社会组织、公众等在时间上和空间上的共同存在，相互依赖。共生关系是党、政府、社会组织、公众之间互利共生，相互帮助。倘若社会治理过程中将社会组织、社会成员当作"对象"，那么，社会组织、社会成员的主体性和积极性不能调动起来，社会治理会陷入被动、低效率局面。在治理过程中，我们也发现，居民重权利、轻义务，重利益、轻责任。共同体意识的培育，其实就是培养社会成员的义务意识和责任意识，培养社会成员的参与精神和公共精神，能够正确处理权利与义务的关系，利益与责任的关系。四是志愿者助力打造共同体。打造社会治理共同体，社区志愿者“有责”，关键是如何“尽责”。社区志愿者要“尽责”，就是扮演好三种角色：第一，社会协同者。在新时代社会治理体系中，社区志愿者的职责隶属于社会协同范畴，社区志愿者是重要的社会协同力量。他们协同其他社区治理主体共同发力，激发基层社会的活力与动力。第二，专业服务者。社区志愿者立足社区需求，通过专业化志愿活动，提供社区便民服务，化解邻里纠纷和冲突，让矛盾留在社区，实现矛盾不向上移。第三，精神的传承传播者。社区志愿者从小事做起，通过志愿服务，传承和传播奉献、友爱、互助、进步等志愿精神，营造文明和谐社区氛围。

坚持党建引领是实现社会治理重心下移的关键。社会治理重心下移、加强社区治理体系建设、发挥社会组织作用并非削弱党的领导作用和政府的主导作用，而是在加强党的全面领导下，更好地发挥社会治理主体的作用。实践证明，基层党组织是破解社区难题的“金钥匙”，是联结不同力量的枢纽。把党支部建立在社区网格上，通过党建引领，统筹协调各治理主体力量。通过调研发现，社区治理有序，居民安居乐业，关键是党的领导。湖南常德市建立市委常委、市人大常委会主任、市政协主席、市政府副市长联系指导“完美社区”建设工作机制，并以志愿者身份定期参加社区志愿活动机制。湖南长沙高新区麓谷街道和馨园社区做实“党建 + 网格”，实现治理精细化。党支部分别建到不同的小区，与网格室结合起来，明确网格长为党员联系人，实现阵地合并、资源共享、联合发力，共同推进支部与网格治理。又如，湖南零陵神仙岭社区成为第一个试点，党支部建在了网格上，党小组建在了楼栋上，办公桌搬进了百姓家门口，打通了服务群众“最后一公里”，占据了矛盾排查和问题化解的前沿阵地。湖南长沙市天心区桂花坪街道金桂社区构建“网格化”组织网。社区党组织参照网格化的管理服务模式，构建了“社区党组织—小区党支部—片区党小组—党员楼栋长”的服务管理体系，并在网格内配备志愿者、协管员、物业监督员、治安巡逻员和纠纷调解员。让党建工作到楼栋、到单元，让党组织覆盖到“神经末梢”，切实做到“群众有所需，党员有所应”。

构建与完善制度是实现社会治理重心下移的根本。制度是解决问题的长久之计,实现社会治理重心下移需要制度保障。否则,社会治理重心下移会陷入运动式活动,流于形式,不可能真正“下移”到基层。很多地方开始探索、不断创新社会治理相关制度,推动社会治理重心下移。比如,邵东县灵官殿镇创新出台了《灵官殿镇“院落会议”制度实施方案》,各村选出“院落长”,一般从“四老人员”(老干部、老党员、退休人员、退伍军人)推举产生,年龄一般不超过70周岁,身体状况允许的可适当放宽,任期一般和“村支两委”主要成员相同,也可根据实际情况适时调整;充分发挥“院落长”的模范带头作用,主要发挥其“政策理论宣讲员”“矛盾纠纷调解员”“环境卫生督导员”“移风易俗劝导员”“文明家风倡导员”“留守老幼照看员”“治安防控巡逻员”“社情民意收集员”等“八员”作用,积极引导村民自治,实现“自己的事情自己办,自己的权利自己使,自己的利益自己享”。“院落会议”与村民小组不存在隶属关系、不直接领取报酬、不履行行政职能,充分发挥村民自治功效,切实加强“院落自治”,形成一种良性的基层自治模式助推乡村治理。近年来,湘西州委、州政府出台了《关于进一步加强社会管理综合治理基层基础建设的意见》《湘西自治州社会管理综合治理工作指南》《湘西自治州社区网格化管理服务指南》等系列社会治理制度,形成了社会治理体制,形成了“网格全覆盖、诉求快响应、服务零距离”工作机制。

回归自治是实现社会治理重心下移的重要动力。回归自治,倡导多元治理方式和多元治理主体,其实就是实现社会治理权力重心下移。鼓励多种手段并用,发挥多元治理的“乘数效应”。随着社会的变迁,基层社会形成多元化利益群体和多元化阶层,这些利益群体有不同的诉求,不能简单运用行政方式,不能简单通过自上而下的治理方式来解决。湖南、广东等地的农村开始设立理事会、恳谈会、议事会、协商会、老人会、慈善会等社会组织,允许这些组织自主组织、自主管理、自我服务,协助村“两委”治理乡村。探索德治、自治、法治手段的组合式治理。在多种治理手段中,以自治为体,德治和法治为用,能够自治解决的自治解决,不能自治解决的通过法治解决,探索德治、自治、法治手段结合的治理新体系。比如,湖南长沙市井巷社区激发居民的自治参与。社区提供矛盾、纠纷解决的平台,但不介入其中。如果邻里发生矛盾，社区就提供场地，双方当事人和利益相关者来到社区，然后，他们坐在会议室，自己解决，社区不干预。村规民约和社区居民公约是居民自治的制度化体现，是基层民主的产物。公约用通俗语言表达，容易记，容易学。比如常德市武陵区丹阳街道紫桥社区居民公约：紫桥社区一枝花，花香要靠你我他；公共卫生同维护，乱吐乱扔素质差；花草树木要维护，家园美丽人潇洒；乱搭乱建不合法，自觉拆除免受罚；汽车停放有秩序，乱停乱放危害大；棋牌娱乐本正常，聚众赌博就违法；家长一定做表率，莫当赌爸和赌妈；唱歌跳舞搞锻炼，身心健康人风雅；学技术来学文化，腹有诗书人自华；移风易俗除陋习，文明新风时尚化；邻里和谐人欢笑，花香飘进千万家。

创新治理方式模式是实现社会治理重心下移的主要抓手。时代在变，社会在变，社会治理理念要与时俱进，社会治理方式模式也要创新。2014 年湖南常德推进“完美社区”建设，创新社区治理，探索社会治理重心下移。当下一些基层忙于上传下达，落实上级布置的各项工作，反而弱化了为基层居民的服务。由此，在乡镇和街道与基层居民之间，出现了明显的组织断层，上情下达和下情上传遇到了梗阻。湖南常德市“完美社区”基于共同体理念建立“3 + N”的治理模式，即社区党总支、社区居委会、社区工作站加若干社区网格。“3 + N”治理模式是体系重构，解决了政府与社会、社会与市场的关系。运用互联网技术和人工智能，提高社会治理智能化水平，将自上而下和自下而上的治理方式结合起来，激发社会的能量和效能。又比如，如何给特殊群体送温暖。社区工作人员挨家挨户去送米油纸等物质基本生活用品，而不是让居民到社区来领。领和送不一样。领，感觉是应该得的；送是社区送的温暖，体现的是党和政府对居民的关心和关爱。创新治理方式模式，要充分利用现代科技力量，比如打造智慧社区，社区工作者不再是被动地发现问题，而是主动发现问题、解决问题，避免矛盾蔓延扩大和积累升级，实现社会治理智能化和精准化。比如，湖南湘乡市在国家标准的基础上按照“六室两平台”（群众接待室、矛盾纠纷调处室、视频监控研判室、巡逻防控室、心理咨询室、综合协调办公室以及网格化服务管理平台、综治视联网平台）模式制定了辖内乡镇综治中心建设规范。建立公共安全视频监控建设联网应有联席会议制度,建立公共安全视频图像信息交换共享平台,打破部门信息壁垒,消除视频数据“孤岛现象”。社区服务移至网格,群众有事到综治中心。每个网格建立居民微信群,督促事件的及时处理。又比如,从2016年开始,湘西州利用微信群普及率高、操作简单、入群门槛低的优势,按照“每村一群、每户一人”的原则,在全州1817个村(社区)建立了1856个“湘西为民村级微信群”,并要求“村支两委”干部、乡镇驻村干部、乡镇包村领导、驻村工作队员、联村组工干部、联村纪检干部、片区农技人员、一村一辅警等全部实名入群,搭建了“零距离”“全天候”的党群干群“连心桥”,让2.3万余名党员干部与46万名群众连成了“一家人”。湘西州规定,村里的党务、村务、财务等事项,必须放到“湘西为民村级微信群”上公开,接受群众监督,并为此梳理出党员发展、低保评定等29项村级小微权力清单。2018年,“湘西为民村级微信群”共宣传解读涉农惠农政策2.3万余次,公示公开村级事项3.5万余条。

实现新时代社会治理治理重心下移,要以最广大人民根本利益为根本坐标,即不断满足人民对美好生活的向往需求。因此,社会治理重心下移,必须从人民群众最关心、最直接、最现实的利益问题入手。

(作者单位:中共湖南省委党校)

名家访谈

从“有为社工”到“给力社会”

王　鑫　何雪松

编者按：本文是上海青年管理干部学院王鑫老师对本期嘉宾华东理工大学社会与公共管理学院院长、青年长江学者、教授、博导何雪松老师的访谈稿。在本篇访谈中，何雪松教授与我们分享了他对于社会工作如何更好地介入防疫工作、社会工作的专业优势，以及如何理解中国特有的“社会”的观点。

王鑫：社会工作专业，如何能够更好地介入防疫工作中？可以有哪些作为？

何雪松教授：

社会工作者参与疫情防控，就目前而言处于一个辅助性的地位。当然我觉得应该争取机会把社会工作纳入公共卫生服务体系和公共卫生的应急管理里面，有一个体制化的角色，这是我们要去努力的。

目前社工界在社区防控、资源整合、心理疏导和关怀困难群体方面做了一些工作。不过我觉得有两方面的工作需要重点考虑。

首先，我们要思考的是，特别是武汉，病亡的人非常多，未来对家属关怀恐怕是一个长期的过程。这方面我个人认为并不能简单地把它理解为心理疏导去面对哀伤问题，恐怕有些家庭还有很多实际的困难，还有很多怨念和愤怒。怎么去引领这个群体的心态和情绪？我感觉疫情解除之后，这是个大问题，这个方面是需要去思考的。

其次，就是中国人的健康行为问题。我们的行为要符合卫生健康的要求，这需要一个长期的社区教育或者公众教育的过程。我觉得这个部分社会工作者是可以多做一点工作。从目前情况来看，公共卫生领域基本上也没有人手来做这个事情,社区服务中心也没这个人手。社会工作者要做,但需要注意怎么样去提升跨学科合作的能力,要和医生、公共卫生人士、应急管理人士有跨专业沟通的能力,怎么来展现我们独特的观点、独特的视角?比如说我们去评估一个人或者一个家庭的时候,我们是生理、心理和社会几个方面都进行评估。可能医生看到的是身体,也会看到点心理,但不太会看社会的层面。应急管理可能更多的是看到资源的问题,怎么样隔断的问题,但不见得能回到老百姓的日常生活里面。

王鑫:社会工作的专业优势有哪些?

何雪松教授:

优势一:我们社会工作者是从生理、心理、社会综合的全面视角来看待人,能看到更多的细节的需求和需要。如果有社工纳入这些具体的安排之中,就不会出现网上那么多性别议题的争论。在应急管理方面,比如说在深圳,应急管理的预案是邀请社会工作者一起去做的,这个就很重要。假如"封城"这样的应急预案,如果社会工作者参与一起做,就一定会充分关注到每个人的日常生活需求,还有很多特殊群体的需求。比如说家长被隔离了,小孩怎么办?子女被隔离了,老人家怎么办?这个时候就要有社会工作的专业服务。当然,武汉当时的情况也很特殊,防护物资严重不足,肯定要优先供应,社会工作者想出力也出不了。后来,武汉的社工做了不少工作。

优势二:在于社会工作的群众性,它一定是立足于基层的。我们比较善于在群众中把大家都调动起来,因为一个好的社工机构要活下去,基本上必须要有群众基础,所以我觉得这方面是我们的专业优势。

优势三:社会工作是和科学研究结合起来的。但是目前来讲,这方面的研究还不够。为什么社会工作者一开始会手忙脚乱,不知道做什么,因为没有完整的积累,这样的事情在国际上知识积累也不是特别多,埃博拉有一点。从全球范围而言,实际上在应对这么重大的公共卫生应急事件上,社工的知识积累是有限的,有的是不同群体、不同场景的关联知识。我觉得这一次疫情之后,我们要好好总结,要把这些知识技能总结出来,这样可以指导以后的实践。

优势四:我觉得这一次不错的表现,就是线上线下的结合。特别在武汉,尝试了线上线下的多层次的干预,是一个很不错的尝试,甚至可以说是个创新。因为我们社工教科书里面的知识和技巧主要都是非互联网时代的。这一次武汉的社工同事能发挥作用的核心还是线上加线下。这使我们感觉已经出来了一点东西,如果能把它总结出来,还是不错的。

优势五:价值观。社会工作强调价值观。这次疫情暴露出不少价值伦理的问题,特别是简单化地污名,排斥、歧视和社会达尔文主义,我们都要坚决反对。

总体我们还是要看到社会工作还在辅助性的位置,这个我们还要有清醒的认识。

王鑫:社会工作专业强调人与社会的关系,我们应该如何理解中国特有的“社会”?

何雪松教授:

社会工作聚焦社会,涉及如何理解“社会”的问题,这个“社会”到底是什么呢? 中国语境下的社会,恐怕与西方的理论有点不一样,比如说,国内的很多社会组织就是党和政府培育发展起来的,这是一个基本的政治脉络。所以我有个说法,叫“政府有为”“市场有效”和“社会有力”。

政府有为,面对疫情,党和政府的领导无疑是非常重要的。不作为的和乱作为的,都是有问题的,对此网上的讨论已经很热烈了。市场有效,市场在资源配置中起决定性作用,很多电商、物流和互联网平台担当了这样的责任,其效率是某些组织不可比的。除了政府和市场之外,社会有力是不可或缺的,我一直倡导要建设有力的社会。社会越是有力,面对疫情就越有韧性,就越是能够更为从容地面对挑战。这里的“有力”包含三层意思:活力、平衡和团结。

首先是活力。一个社会的活力,体现为人人有责、人人尽责。每个人都是参与者。大家捐钱、捐物或做志愿者,以不同的方式积极参与抗击疫情。一个快递小哥帮助金银潭医院的医护解决了吃饭等实际问题,这就是社会活力的体现,非常了不起。很多人在认真反思,我们应该如何才能做得更好?

如何才能避免类似的事件重演？一个充满活力的社会，一定是每个人都愿意发声、愿意参与、愿意反思的社会。

其次是平衡。我们可以观察到的是，社会舆论对为官不为、官僚主义、形式主义等现象都给予了尖锐的批评，这就是社会保护机制。比如歧视武汉的问题，很多地方迅速地作出了舆论的反应，有了武汉人专门居住的宾馆。平衡就是为了更好地保障"政府有为"和"市场有效"，这样的力量不能削弱，只能加强。

最后是团结。我们看到了"一方有难，八方支援"的大国团结气象，也要更加鲜明地反对歧视和排斥。任何人的权利和尊严都应该得到保障，简单粗暴地对他人进行污名化就是"社会的暴虐"，这是文明社会不应有的现象。越是在面对挑战和困难的时候，越是能看到一个社会的底色。我们需要推进包容、共享，减少排斥、分隔。

我认为要有完善有效的应急体系，一定要"政府有为""市场有效"和"社会有力"。社会工作也可以发挥更大的作用，特别是要与政策制定者、公共卫生工作者、医护人员一起合作，形成跨学科的力量，这样才能更好地回应这样的挑战。

（作者单位：上海青年管理干部学院）

治理探索

重新发现社区:公共卫生危机下的社区建设

刘佳燕

2020年新春伊始的新型肺炎疫情,给中国大地乃至全球带来公共卫生安全的严峻挑战。随着防控范围和力度的不断加强,防控重点很快转向社区,引发对于公共卫生危机下社区建设的再思考。推进应对重大疫情的社区工作和社区建设,不但有助于进一步完善当前的社区防疫工作,更是提升社区应对重大危机的韧性,促进社区治理能力和长效机制建设的重要保障。

一、社区共同体的再认识:从利益共同体到命运共同体

面对突如其来的疫情,各地城乡社区成为"严防死守"的阵地,"社区利益""集体利益"成为宣传单、横幅上的高频词汇,涌现出一大批放弃过年回家、自我隔离的感人案例,但在部分小区、村庄也出现了特殊地区人群、外地租户人员等被歧视、禁止进入、驱逐,以及个人隐私严重泄露等问题……不得不让我们深度思考社区治理和社区规划的目标,以及需要营造什么样的社区共同体。

国家推动社区治理,建设社区共同体,不仅是利益共同体,更是命运共同体——不能只依附于对利益的共享分配,更应着眼于对未来命运的共生呼吸;不应成为部分个体锁定小团体既得利益的保护伞,抑或如古斯塔夫·勒庞笔下的"乌合之众",以群体之名逃避责任乃至各种约束。今天的社区共同体,不是说要完全回到曾经的熟人社会,而应致力于营造陌生人社会背景下有公民意识、情感联系和责权共担的社会人。应以帕累托改进为目标,即使至少一人的境况变好而没有人的境况变坏;公共卫生伦理也强调对于个人权

利的限制应基于对公共秩序、个人权利和自主性之间价值和利益的权衡。

这次疫情的长周期潜伏、传播面广等特点，决定了防治工作重心很大一部分将从点对点的医疗救治转向以社区为载体的面源管控，意味着不可能完全依靠政府24小时的监管，而依赖于基于共同命运和公民意识的社区共同体建设。重大突发事件和利益冲突，是社区共同体的营造契机。需要避免过度内向化、行政化、利益化取向，避免各扫门前雪甚至排斥异者的“精致的利己主义”，而要大力宣传和培育理性自觉、互爱互助和责任担当的公民意识，共建良序社区。

二、社区工作成为一线战场：责任重大而权利保障滞后

一夜之间，社区成为联防联治的前沿阵地，繁重的防控任务和巨大的压力迅速落到了基层干部和社区社会工作者的肩上。他们承担起宣传、防治、排查、统计、汇报、体温监测、场所消毒、邻里协调等大量工作，同时兼任信息员、观察员、宣传员、排查员、联络员、警卫员、辅导员、应急员、协调员、心理疏导员等职责，成为防范疫情社区传播的核心队伍。但不可忽视的是他们正在面临的艰巨挑战：

一是人手紧缺。通常十余位社区工作者面对数千人的社区居民，北京等地发动基层机关干部、物业员工、楼门组长、积极分子和志愿者全员参与，排查防范工作“一个都不能漏过”，24小时不能断人。随着疫情转向社区传播为主，伴之以疑似多、确诊少、人传人的特点，这场可能的持久战对于社区防控的人力、资源和动员机制都将是巨大的考验。很多老旧小区缺乏物业，之前的志愿者很多为老年人，从身体和健康状况而言不宜参与，如何有效动员和吸纳中青年志愿者特别是党员群体成为社区自救互助的有生力量，成为急迫之需。

二是苦于应对填表和检查，形式大于实务。上级的部门分割带来重复填表，部分表格设计不合理，与一线社区防控工作实际情况脱节。

三是薪资补贴、技能培训、装备供给上缺乏保障。当我们在为医护人员捐物呐喊时，还有众多的社区工作者在极度缺乏口罩、手套、防护服、消毒水

等基本防护装备和基本防护技能培训的情况下，坚守奋战在一线，自己贴钱打电话，自行学习防范文件，寒冷天气中只能靠自备的暖宝宝稍加缓解，还不时面对住户不信任、质疑、躲避、指责等各种抵触。可以说，这场疫情防控大战将长期以来社区工作责任权利不对等的现状进一步凸显出来，社区治理“精细化”演变成越来越多的行政管理任务、服务职责下沉到社区，而社区工作者的权益保障和技能提升却严重滞后。

四是亟须心理疏导。面对巨大的工作压力、复杂的医患信息、身体超负荷运转，众多社区一线工作者都面临生理和心理的双重冲击，亟须喘息服务和有效的心理疏导支持，不然难以想象如何坚守未来可能还将持续数月的持久战。

三、看到社区行动组织力量：推进自助互助参与机制

这次疫情防控的一大挑战在于赶上“春运”这一世界每年最大规模的人口流动大潮。全球化背景下，高频、高速、高量的人口流动和交往带来当代社会的高风险特质，传染病扩散更呈现出社会性、系统性的问题，很难通过单向的、垂直化、自上而下的行政力量全面控制，人们集体性合作的作用日趋凸显。面对疫情，涌现出大量的社会力量，包括专业社会组织、临时救援小组、志愿者等，展现出快速反应、整合力量、联合行动的优势，但同时也艰难应对着社会信用缺失的巨大挑战，包括物资质量、交易诚信、临时溢价、“三无”订单、款项对账等，映射出在传统行政集中供给体系的直接规制之外，应对高度扁平化和流动性的社会网络发展，社会信用体系和信任机制建构严重滞后的现实问题。西非埃博拉病毒的肆虐，一个很重要的原因就是来自国家和社会之间的严重断裂，带来民众不信任、不配合，与地方知识结合不足等问题。

在国家和社会行动力量之外，还有一类依赖于社区的行动组织力量，展现出地方性、高度连接、熟人网络的优势，在应急行动、信息传递和互助服务等方面发挥了重要作用。在这次疫情防控中，有两类社区行动网展现出了良好成果：一是经历过“非典”考验，街镇—村社地方行动网络积累了丰富的应急行动能力和居民动员能力，并获得居民的信任和支持；二是社区邻里网络

联系紧密，拥有邻里互助、志愿者队伍等多种自组织形式，并与地方行政体系之间建构起良好的沟通和合作机制。这显示出组织化和信任度成为现代社会动员中的关键因素。组织化提升行动能力，信任度降低行动成本。我们身边大量的社区社会组织在这两个方面都具有一定的优势和潜力，是社区防控工作的重要潜在力量。

当前的疫情防控，不仅是一个个患者的救治战役，或是医药研发的战役，更是一场全民动员的阵地战，还得回到社区，在自上而下的行政安排之外，充分发挥自下而上的社区自组织的力量，建立社区自我管理、自我组织、互相支持、互相救助的机制，在平时实现有效组织的常态化，非常时期发挥关键性支撑作用。

具体做法可以包括：

一是针对当前社区规模普遍偏大、人员流动性高的特点，依托“楼门—小区—社区”搭建三道联防战线，疫情过后作为“微治理”网络体系，进一步推进社区治理。

二是依托当前社区中占据大比重的兴趣型社区社会组织，通过有效引导和专业培训，推动其在疫情防控中积极参与互助服务、专业支持等工作，实现向公益互助型社区社会组织的转型升级。

三是积极引导专业社会组织对接社区需求，为老年人、残障人士等困难群体提供疫情无障碍信息、生活必需品和常用药代购、居家康复和锻炼等支持，为染病或疑似症状患者提供心理疏导、社工支持等心理社会支持。

四是创新和推广社工非面对面干预方法和平台，依托官方平台发布和推广专业服务。

四、营造安全社区和健康社区：以生活为本

安全和健康是千百年来城市建设永恒的核心关注点，安全社区和健康社区营造是实现幸福和谐社会和“健康中国”战略的根本落脚点。但目前各地的建设中存在重视硬件环境和设施建设而忽视健康安全意识和健康生活方式的普及，关注慢性病防治而对传染病等特殊事件考虑不足，重大灾疫事件下社区应急预案和物资储备不足等问题。

这次疫情防控中，不少社区中暴露出居民在公共卫生、文明养犬、良好生活和锻炼习惯、社区救治能力、灾疫后心理疏导等意识和能力等方面的普遍缺失，进而引发潜在风险和邻里矛盾。铺天盖地的各种碎片化信息，给人们特别是辨识力较低的老年人、低收入群体等造成迷惑，亟须具有公信力的信息指导。

这里提供一些建议：

一是重视合理良好的社区空间环境塑造。营造良好的采光、通风环境，提供充足的室内外康体健身场所，方便脆弱群体、易感群体下楼即可开展基础性的康健活动，应对重大事件和灾害，或社区需要临时封闭管理时，也可作为居民活动和避难场所。这次疫情防控过程中，部分社区出现了临时砌墙堵路的无奈之举，也显示出在开放型社区规划设计中需要统筹考虑封闭化应急管理的可能。

二是在社区生活圈中全面融入防灾防疫体系建设。目前很多地方已经将疫情的前期筛查诊疗职责下沉到社区，有限的医疗队伍资源面对前线城市和大医院已经供不应求，如果潜在和疑似患者规模继续扩大，对于社区医疗资源将是巨大的压力。应以基层社区卫生机构为触角，整合线上咨询和会诊平台，为社区诊疗、预防提供线上线下相结合的技术支持；特别需要关注老年人等对线上技术不熟悉群体，提供便利操作和使用指导。社区卫生机构规划设计中需要考虑重大安全事件时期分区、隔离的空间配置要求，以及疫情防控紧急物资储备。

三是加强社区灾害应急管理机制建设和社区教育。建设和完善社区灾害应急管理的平时预防机制、资源动员机制、参与机制、灾害防救能力建设机制，以及灾害后的伤害评价、安全监测和修复机制；制订社区应急预案，组建社区灾害防救组织和志愿者队伍；加强对于个体、家庭、社区“两委”、社区（家庭）医生等对于社区灾害和重大安全事件的防控意识、公共卫生伦理意识、应急处理能力、自救互救技能等的基本教育和培训，加强科普宣传，发放指导手册，将其作为常态化社区教育的内容。

四是构建健康安全监测和防控管理信息技术平台。面对自媒体时代铺天盖地的信息传播，搭建有公信力的信息监测和传播平台，对于降低社会恐慌、减少不良效应的扩展与传播具有重要意义。从这次疫情防控工作来看，应重点保障疫情、防护、医疗就诊和民生保障这四类信息的定时更新和公开。有条件的地区可以依托网格化管理平台、融媒体中心、云服务平台、大数据等信息技术，整合信息采集与更新、综合评估、病例跟踪、数据预测等功能，加强数据动态监测、风险评估、人员排查、防疫提示和预警管理。

这次的疫情危机，是危，更是机；有天灾因素，更需要对治理的反思。古埃及尼罗河洪水退去后留下肥沃的河沙土壤，被誉为"尼罗河的赠礼"。日本阪神地震、台湾"9·21"地震、汶川地震都带来人们对于自然灾害下寻求自助互助的关注，引发社区营造的浪潮。

希望借助这次危机，让我们重新关注并审视社区的意义和价值：不仅是居住邻里，生活便利性的载体，也是每个个体和家庭行动起来保障自我安全的最后一公里防线；是平衡个体自由和集体利益的试金石，是自助互助共渡难关的重要平台；不仅对于当下疫情防控作用重大，更是实现社会长治久安的重要保障，需要完善长效建设机制并持续推进。

（作者单位：清华大学）

湖南以“小宪法”撬动“大治理”

廖剑波　祝林书

为贯彻落实党的十九届四中全会精神，推进基层治理体系和治理能力现代化建设，湖南省认真学习领会习近平总书记关于加强城乡社区治理发挥村(居)规民约等基层规范在社会治理中积极作用的重要论述，以村(居)规民约制(修)订为抓手，有效提高了基层治理能力，以“小宪法”撬动了社会“大治理”。

一、推进村(居)规民约的制(修)订的主要做法

(一)提高政治站位，确保村(居)规民约推进有力

一是高位推动。省委、省政府高度重视村规民约的推进工作，把村规民约纳入顶层制度设计，放到基层社会治理的大局中来定位。2016年，湖南省第十一次党代会报告明确提出要全面加强城乡社区规范化建设，发挥村规民约、居民公约等社会规范作用，增强村(社区)服务功能，提升基层治理水平。湖南“十三五”规划明确指出，要加强村规民约、社会公约等社会规范建设，充分发挥社会规范在协调社会关系、约束社会行为等方面的积极作用。2019年湖南省第十一次党代会第八次全会审议下发了《全面加强基层建设的若干意见》，提出必须把抓基层、打基础作为长远之计和固本之策，树立大抓基层、大抓基础的导向，强调做实基层，“完善村规民约、社区公约，开展文明家庭、文明邻里、文明村组建设，形成良好社会风尚。”二是高层推动。省委书记杜家毫亲自抓落实，在深入溆浦县北斗溪镇坪塘村调研时，得知当地村规民约工作做得好时，特别强调要进一步加强基层党组织指导，把村规民约制定好、传播好，使之成为老百姓的自觉行动，引导群众以昂扬向上的精神面貌致富奔

小康。省长许达哲指导在湘赣边乡村振兴工作会议时提出，要将边区建设成打好精准脱贫攻坚战与乡村振兴有机衔接的典范，政府相关会议多次听取民政厅关于湘赣边城乡社区示范创建关于群众自治内容汇报。省委副书记乌兰、省委政法委书记李殿勋也先后就推进村（居）规民约工作分别作出批示。省委组织部长王少峰同志在主题教育中到民政厅专题调研湖南城乡社区治理有关问题。副省长隋忠诚深入泸溪县红岩村调研指导乡村振兴和群众自治工作强调，抓好乡村治理工作。三是政策推动。为抓好落实，2017 年底湖南省出台了《关于加强和完善城乡社区治理的实施意见》，2018 年，省委组织部、省民政厅等部门联合出台《湖南省乡村治理三年行动实施方案（2018—2020 年）》，2019 年联合七个部门出台了《关于进一步做好村规民约和居民公约工作的实施意见》等政策文件，强调要通过组织开展村规民约集中清理、修订工作，不断提升城乡社区治理水平和文明程度。这些制度文件的出台，为推进村规民约工作提供了有力的政策保障。四是考核推动。省委一号文件将村（居）规民约的制（修）订和落实情况纳入考核细则，纳入全省城市和谐社区建设和农村幸福社区建设评价指标体系。政法委、司法厅、民政厅将村（居）规民约的制（修）订落实作为督促检查经常性工作，纳入村（社区）"两委"班子目标责任考核内容，防止流于形式、成为摆设。各乡镇（街道）党（工）委将村（居）规民约修订和实施情况作为基层党组织书记党建述职的重要内容。村（居）务监督委员会普遍加强了对村（居）规民约遵守情况的监督。

（二）加强规范指导，务求村（居）规民约管用有效

一是规范责任体系。明确各级政府及基层组织的主体责任，形成了由省级民政厅牵头抓总、市州、区（县）民政部门督促指导，政法、文明办、司法、农业农村、妇联等部门密切配合，乡镇（街道）具体推动，村（居）委会组织居民依法修订的工作格局，严格履行主体责任，有序推进村（居）规民约修订实施工作。二是规范规约内容。结合村情居情，重点聚焦爱国守法、孝老爱亲、邻里和睦、勤俭持家、保护环境、保障权益和其他方面进行细化，不搞面面俱到，力戒多而全、空乏笼统。三是规范制定程序。坚持"五步"工作法，推动村规民约（居民公约）规范制（修）订和实施，即集民意、拟草案，征意见、定文稿，严审

核、付表决，备案审、即公布，广宣传、切实施。四是规范实施监督。村（居）民委员会成立村（居）务监督委员会，具体负责保障执行村（居）规民约。通过“红黑榜”褒扬罚戒、村（居）“两委”干部带头示范以及开展评比表彰活动等多措并举促进村（居）规民约的执行落实。

（三）开展宣传示范，营造村（居）规民约良好氛围

一是精心策划宣传主题。省民政厅发布《关于开展优秀村规民约（居民公约）征集遴选和宣传推介活动的通知》，在全省范围内部署开展优秀村规民约（居民公约）征集遴选和宣传推介活动。活动分部署启动、征集遴选、网络投票推选、集中宣传推介四个阶段进行，从 5 月下旬开始到年底结束，收到各地选报的优秀村（居）规约近 1000 篇。二是宣传典型形成示范。为加强引导、提供示范，按省委书记杜家毫的要求，省民政厅联合媒体系统报道湖南省优秀村（居）规民约典型案例，迅速在全省掀起了订村规、守村规、用村规的热潮，示范引导各地聚焦群众广泛参与村（居）规民约制（修）订工作，推动实现了村（居）规民约制（修）订工作全覆盖，大大提升了其质量和实际效用。截至 2019 年 12 月底，全省有 62 个县市区的村（居）规民约制（修）订工作覆盖面实现了 100%，其余 60 个县市区实现 85% 以上，到 2020 年将实现全面覆盖。三是坚持全方位发动。湖南卫视、《湖南日报》等省内主流媒体开展全域宣传，重点报道各地以村（居）规民约为载体，全面加强基层建设的创新经验。湖南经视推出《湘约我的村》优秀村（居）规民约专题片 42 期，湖南电台 938 潇湘之声为民热线推出《我的家我的国》专题报道 10 期，集中展示各地利用村（居）规民约，创新乡村治理的鲜活案例。同时，坚持入户宣讲，面向村（居）发放口袋读本、漫画图册等，提高了居民群众对村（居）规民约的认知度，营造了良好氛围。四是实现各方广泛参与。2019 年 7 月中旬，湖南省民政厅、省社科联联合举办了“发挥村规民约作用建设文明村组”学术研讨会，专家把脉问诊，共商基层治理大计。针对村规民约老套过时、建制村村规民约空白、并村后的村情变化、个别村规程序简单内容粗俗、村规虚设监督机制不全及作用发挥不够等问题，实现群众共同参与，自我管理、自我教育、自我服务，通过小小村规，真正实现民主协商、群众自治。2020 年 1 月，在新湖南网站和移动

客户端上，共有2165547人次参与投票选出全省首届“十佳”村规民约、居民公约。

“一花引来百花开”。在省级示范推动下，全省各地积极修订和落实村（居）规民约。湘潭市将村（居）规民约修订工作纳入2019年度美丽乡村示范创建内容。常德市以市民政局等7部门名义专门发出通知，组织开展村（居）规民约“我制定、我遵守、我监督、我处罚”活动，推进优秀村（居）规民约宣传实践。张家界市在市电视台刊播优秀村（居）规民约专题片20期，并评选表彰了全市“十佳”和优秀村（居）规民约。长沙、岳阳等地采取评比推介等方式，通过党员干部带头执行村（居）规民约、村民群众相互监督，全面激发城乡社区修订村（居）规民约的积极性，农村滥办酒席、天价彩礼、打牌赌博、乱埋乱葬等不良现象明显减少。许多建制村还建立“党建引领＋村规民约＋三社联动”机制，有力实施村规民约完善提升计划。针对乡村治理中的“等靠要”、懒汉行为等问题，完善奖惩机制，形成“我治理、我光荣”的良好氛围。

二、村（居）规民约制（修）订的主要成效

（一）夯实了党的执政基础

通过建立“党建引领＋村（居）规民约”机制，实施村（居）规民约完善提升计划，宣传贯彻和执行落实党和政府的大政方针、决策部署，引导群众爱党爱国，凝心聚力，不断夯实基层党建根基，全面提升党建水平，为实施乡村振兴战略、加强和完善基层社会治理、实现两个一百年奋斗目标提供“助推器”和“动力源”。

（二）引领了基层社会治理

以共同缔造、共同遵守的村（居）规民约起草制定过程，回应居民群众诉求、激发居民群众智慧、汇聚居民群众力量，推动居民行动从“观望”到“积极”，社区建设从“靠政府”到“靠大家”，基层治理从“单一治理”到“自治、德治、法治”相结合，激发城乡社会活力、凝聚群众创造伟力、培育城乡发展动力，推进基层治理体系和治理能力现代化。

（三）淳化了乡风民俗

通过制定村（居）规民约，革故鼎新，移风易俗，将天价彩礼、婚丧喜庆大操大办、薄养厚葬、送礼跟风、炫富攀比、铺张浪费、低俗闹洞房、乱埋乱葬、乱燃乱放鞭炮纸钱等陋习、恶习写入禁止性规定，规范村（居）民日常行为、维护公序良俗、保障群众权益、调解群众纠纷、引导民风民俗，净化了社会风气，推动了基层社会文明进步。

（四）促进了社区和谐

通过制定村（居）规民约，用社会主义核心价值观凝聚社区居民，在参与村（居）规民约制定中增进村（居）民对社区的认同感和归属感，培育和增强村（居）民的社区意识、主体意识，加强对村（居）民群众规则意识、协商文化的教育和引导，让村（居）民习得公共生活的行为准则，锤炼共建共享的公共精神，实现社区和美、和乐、和谐。

三、制（修）订村（居）规民约中存在的问题

湖南省在制（修）订村（居）规民约的过程中发现，个别村（居）规民约还存在政治站位不高，未能有效实现价值引领；内容老套过时，不能紧跟时代变化和要求；制定程序不规范，制定主体不合理；落实执行不到位，村（居）规民约本应发挥的积极作用没有充分发挥等问题。要充分发挥好村（居）规民约在城乡社区治理中的积极作用，弘扬公序良俗，促进法治、德治、自治有机融合，这些问题必须注意避免。

四、对策建议

（一）注重规约价值的引领性

村（居）规民约的制（修）订，要以习近平新时代中国特色社会主义思想为指导，践行社会主义核心价值观，聚焦树新风、治陋习，聚焦传统美德，聚焦生产生活中的突出问题，发挥好基层党组织的领导作用，形成价值引领、合法合规、群众认可、管用有效的村（居）规民约。

（二）增强规约内容的针对性

村（居）规民约的内容要区别于法规政策，区别于群众行为指南，不搞面面俱到，力戒多而全、空乏笼统。要结合时代需求与村情居情，有针对性选取规约内容，真正具有针对性，讲究实效，做到务实管用。

（三）确保规约制定的程序性

程序的公正、公开是村（居）规民约发挥作用的前提。制（修）订规约的过程中，要坚持广泛讨论，征集民意；拟定草案，征求意见；修改完善，提请审核；村（居）民会议，表决通过；备案公布，广泛宣传等环节，确保程序规范。

（四）调动村（居）民参与的积极性

村（居）规民约的制（修）订，要广泛发动群众充分酝酿讨论，把修订村（居）规民约作为村民自我教育、自我管理、自我服务，营造共同遵守氛围的过程，作为实现共建、共治、共享的城乡社区治理的途径，作为群众自治集中民愿、集合正能量的宣传阵地和村民共同信守的自律标准。

（作者单位：湖南省民政厅）

做社区治理须重视这十个方面

李焱林

社区虽小，但连着千家万户，做好社区治理工作十分重要。在全国城镇化加速的背景下，大量农村人口涌入城市，这为城市提供丰富劳动力资源的同时，也给社区治理带来了巨大挑战。如何探索社区治理创新，打通服务群众“最后一公里”，已经成为不能回避的新课题。针对社区治理这个难题，本文从十个方面进行了思考。

一、牢抓基层党组织建设

基层党组织是实现有效社区治理的核心力量。基层强不强，基层好不好，关键得看有没有一个好的支部(党委)，关键是看有没有一个优秀的基层支部(党委)书记投入其中，为之付出。社区应吸纳驻社区政府、企业负责人进党委，吸引人才进社区，带领各方参与社区建设，从管理体制上保证党组织领导核心作用的发挥。

龙王港社区党总支书记沈材政曾说，2019 年社区提质提档改造，一年干了十年的活，起早贪黑，全年只有中秋节休息了半天。2017 年，龙王港社区也发生了翻天覆地的变化，实现了幸福在家门口升级。有了基层一把手的投入，亲力亲为，整个班子才能动起来，社区也才能动起来。所以，加强基层党组织建设，选好并激发一把手的工作热情，是做好社区治理的关键、核心与前提，社区组织要在社区做好，必须用好基层党组织这个力量。

二、让整个社区动起来

社区是大家的社区，需要大家的共同参与。剃头担子一头热，只让社区“两委”动起来，工作也不能做好做实，必须让社区内的社会组织、辖区单位、物业、业委会、楼栋长、院落负责人、社区能人、志愿者、社区居民等多方力量都参与进来，发挥好集体的力量，合作共治，才能实现政府治理、社会调节和居民自治良性互动。

成都锦江区双桂路街道在2009年以来，连续获得“全国和谐社会示范城区”“全国社区管理和服务创新试验区”“全国社会组织建设创新示范区”“全国平安建设先进区”等荣誉，这些荣誉的获取，当然是综合因素的结果，但双桂街道在党支部的带领下，很好地实现了党群联动、政社联动、居民互动等，也是一个非常重要的方面。

三、深入地了解百姓需求

社区治理工作没有做好的，大都是没有深入基层了解百姓民生的，只是一厢情愿地以为为百姓好，但是老百姓却并不买账。这也就是很多干部的苦恼，自己一腔热情，群众给你的却是冷脸，其实问题还是出在自己身上，没有真正地理解掌握群众诉求。

现在，群众的需求越来越多样化，对社区提供公共服务的方式提出了挑战，要满足群众多样化的需求，社区工作人员必须要做深入的工作。如实行走访制，深入院落（小区）、楼宇、“两新”组织、辖区单位、物业、业委会等，第一时间了解并掌握社情民情动态。召开恳谈会、交流会，利用好社区QQ群、微信群、小区信箱等这些获取群众意见的好方式。了解这些意见，并对其进行归类、分析，这样我们就基本就能对群众的需求把握得比较准确了。

四、要发挥好社区社会组织的力量

党的十九大报告指出，加强社区治理体系建设，推动社会治理重心向基层下移，要发挥好社会组织作用。2019年6月公布的《中共中央 国务院关于加强和完善城乡社区治理的意见》强调，统筹发挥社会力量协同作用，大力发展社区社会组织和其他社会组织。

有些地方对每个社区要发展多少个社会组织都作了硬性规定，这都是看到了社会组织在社会治理中的力量。社区社会组织扎根在社区，在推动居民群众参与社区建设、激发基层社会活力、表达社区居民诉求、创新社会治理方面发挥着重要作用。在发挥好社区社会组织的作用方面，"三社联动"提供了一种好模式，社区、社会组织、社会工作优势互补，不仅有利于发现社区居民的需求、整合多方资源、预防和化解社区矛盾纠纷，同时也是社区治理的重要帮手。

五、社区公约很重要

现在，很多社区都制定了社区居民公约，并且以很精美的方式呈现出来。在走访中，有社区干部说，我们的公约就是百度找了一个，改了下，然后找个广告店就做出来了，至于公约是什么内容也记得不是很清楚。尽管居民公约在社区张贴，老百姓对其也没有印象，感觉是和自己不相干的一件事情。其实，社区居民公约真是个好东西，只是在这一块没有做好。

公约故名思议是大家的约定，并要共同遵守，在制定公约时，要广泛征求大家的意见，征求意见并讨论的过程，就是很好的宣讲推广公约。此外，在公约发布时，要有仪式感，可召开居民代表大会，让大家签字，并作出承诺。对模范遵守公约的居民要予以表扬，通过各种形式，让公约在居民中内化于心，外化于行，让践行公约逐渐成为一种自觉的行为。

六、加强归属感的营造

归属感就是治理的目标。进行社区治理，归属感这三个字要时时默念，把它记在心里。对于强大的社区而言，在社区治理的关键词中，这个词应该置于所有词语的前面。没有归属感，就没有社区。商品房小区的发展，改善了我们的居住条件，但也加重了人与人之间的隔离。很多人都有同样的感慨，一些温暖的记忆也在逐渐消失。把我们童年的记忆还给我们的孩子，让他们有一起长大的“发小”，有一起在沙坑里、院子里穿梭、玩耍的快乐，有“乐不思蜀”时被妈妈叫回家吃饭的记忆。

格林小镇有个口号：“让每个人都在社区里找到组织。”社区的随迁老人较多，缺少亲戚、朋友，他们对社区活动的参与需求更为强烈。在“猫奶奶”的倡议下，现在社区里有合唱团、舞蹈队、羽毛球队，不下十几个业主社团。不只是老人在活动，年轻人也有自己的“雷雨”话剧社、育儿组织“猪妈会”等。这些活动的开展，有效地改善了社区人际关系，增加熟悉度，增强了居民的社区归属感。

七、因地制宜打造好项目平台

社区治理，阵地为先。不管是党建活动还是居民的生产活动，若没有很好的平台，一切都是无源之水、无本之木，都是空谈。根据成都人爱喝茶的特点，五福桥社区设计了“五福茶馆”项目，设有“议事茶亭”“服务驿站”“长者空间”“社区书屋”四个功能室。白天为茶馆公益时间段，主要开展党员志愿服务、品茶议事、兴趣课程、沟通交流等活动。晚上为商业时间段，主要开展休闲服务、棋牌娱乐、沟通交流等活动。

每周固定时间，街道、社区会有人过来，和大家坐在一起，畅所欲言、无话不谈。也会有相关部门给社区居民协调一些资源，为居民做培训、讲座宣传活动。随着相关设施的进一步完善，功能进一步丰富，街道办事处也借机将计生工作开展、老年社保办理、残疾人员的救济等公共服务延伸到这一平台上来。这样五福茶馆就由先前的喝茶聊天打牌，逐步成为集党建、议事、诉求、沟通为一体的党群、干群工作交流平台。

八、发挥社区能人的作用

做好社区治理，社区能人的作用很关键。中国是一个能人社会，在社区治理的过程中，最开始的工作就是要找到社区能人。无论是来自本地的社区居民，基层工作人员、本地的社会组织还是外来的社会组织，只要愿意关注当地公共事务，愿意带领百姓一起做活动的人，都是社区需要寻找的社区能人。

当然，只有能人个人的力量，是不足以做好社区治理的。每个人都不是孤立的，每个人后面都有一股势力，尤其是能人。

一般来说，能人身边会聚集若干社区能人与小能人，他们因共同的志趣爱好、共同目标聚在一起，做大家想做的事情。通过能人的关系，形成小团体的凝聚，树立良好的社会规范，形成良好的社会认同、社区认同、社区规范，最终就能形成社区治理的信任机制、互惠机制、监督机制以及各式各样的法规和非正式规范，让社区得以自治，进而得到可持续发展。

九、让信息公开透明

社区居委会是群众自治性的组织，居委会的每一次发声、每一项举措，都是在社区居民群众眼中塑造自己的“形象”与“标签”。不仅社区党务、政务、财务、服务等信息要及时公开，而且，社区选举、评议的过程要请群众代表参与，其结果也要及时向群众公开。只有公开透明，让老百姓放心，才能架起干群连心桥，受到群众肯定与好评。

公开透明是谣言的天敌。很多矛盾都是误会、不透明导致的，账务不透明，就可能有猜疑甚至谣言。有的社区在小区的门口把每个月的物业费、路灯费、垃圾费、用水量、车辆停放及电动车充电等费用，事无巨细，及时公布，群众一看就知道自己的钱花哪里去了，老百姓心里亮堂堂的，有效减少了基层矛盾的发生，消除了干群之间的隔阂。

十、不忘激励与表彰

每个人都具有自我肯定、争取荣誉的需要。对为社区付出多、贡献大的人物，要给予恰当的荣誉激励。这种荣誉奖励，所产生的作用有时不可估量。具体可以从下几个角度去考虑并努力做好。以形象激励触动人，对社区服务活动，及时在社区宣传栏、新闻媒体做好宣传，对活动过程中表现突出的组织者、志愿者，要予以重点宣传报道。以情感激励打动人。“感人心者，莫过于情。”社区工作人员和组织者要和参与者多交流，多交心，充分认可与肯定他们的付出与贡献，增强参与者的情感认同。

以荣誉激励推动人。在对先进人物进行表彰奖励时，给予精神奖励、赋予荣誉是必需的，同时要有仪式感，如表彰时，给先进人物披红戴花，并设立专门的席位；颁发奖杯（奖章）、证书、奖金。以榜样激励带动人。“榜样的力量是无穷的”。身边的榜样，对社区居民来说更具有可效仿性，有效地发挥榜样的感染力、原动力、感召力、创造力，以此吸引、带动更多的人争当先进、争当榜样。

（作者单位：湖南唯实公共服务评估中心）

社区营造

泉州“美丽古城,家园共造”制度平台的实验
——社区培力的基层设计

林德福

“美丽泉州,家园共造”是泉州市领导提出自上而下与自下而上相结合的公共治理机制。其中之“家园共造”是以政府引导、群众参与、自下而上、协会帮扶、共建共管为主要形式,并以决策共谋、发展共建、建设共管、效果共评、成果共享为主要特点,最终达到群众深度参与社区建设管理,完成自组织、自治理和自发展的过程。为达此境,由新成立的古城办以古城6.41平方千米为范围,尝试一个具创新性的“美丽古城,家园共造”试验性计划。

一、推动背景:市古城办尝试改变、做足准备

2016年10月成立不久的市古城办开始努力尝试泉州古城的社区营造行动实验,紧接着开展了近3个月的摸排调研,同时在市区两级政府进行相关分工及整体预算编列的工作,直到2017年6月才正式签约委托第三方团队启动“美丽古城,家园共造”的社区营造行动计划。这个耗费多时的协商及调整才启动的工作,在当时仍追求“快速且有效率发展”的泉州情境下,实属罕见。究其原因,除了政府组织调整及预算编列延滞的影响外,主要是泉州市古城办尝试改变过往惯常对新创项目采用边走边看、抢进度、超常态的做法,改为采用第三方建议的自下而上“三合一团队(社区干部+专业者+社区居民)”培育的选人选点做法,也就是采用文火慢炖、做足准备、培力社区的新做法。

正如古城办主任在2018年6月工作进展至选人选点完成的阶段性总结中提及的:泉州“美丽古城,家园共造”社区营造工作,从2016年策划开始,至今已两年多,正式启动以来,大家参与也近一年,想来,着实不易。社造是一个启动

较慢、想法较复杂、不太好下手的工作。迄今，尽管泉州古城社造还带有行政痕迹，但第一批参与者的能动性都被激发出来，对社区层面的古城保护和发展能主动提想法、主动参与，而不是等着上级机关下命令，这是最难得的，因其体现了政府和居民之间的互信重建，以及彼此允诺的责任……社造是一个过程，困难而真实，然而，难的工作就是生活中的点点滴滴，我们因困难而感动。

泉州古城社区营造实验计划就是在这样的背景下开展工作的。那么，它采取了怎样的方法，又是怎样的一个进展过程、以及取得怎样的阶段性结果？

二、改变原有的运作模式：先选人、后选点、再社造

在讨论如何转变做法之前，让我们先聊聊想法是从何而来的。

（一）原有单向“自上而下、精英式”运作模式：常是干群紧张、“等靠要”

首先，这是一次区域性社造工作的新创平台实验机会，然而古城范围内有4个街道、几十个社区，而能投入这个行动的经费有限（一年5个社区的补助预算），只够搭建一个实验性社造工作的运作机制与平台。其次是如何挑选这5个社区又能让其主动参与运作的问题。基于过往经验的惯性，就由上级政府找些“表现优秀”的社区领导或干部，配搭所谓“具参与观念”的专业者协助，再由他们去发动社区居民来参与的“由上而下、精英式领导”模式。这样的运作模式，在期待快速有效的要求下，通常的结果不仅是不尽如人意，还经常产生干群关系紧张甚至社区“等靠要”的情境。那怎么办呢？

（二）改变：配加“自下而上、培力赋权”的双向操作，激发团队主动性及能动性

此时，市古城办改变过往“自上而下”行政推动的惯性做法，认为社区营造是培力社区居民对社区认同感的过程，一般而言，有社区领导或政府部门的协助、各类专业者的支持和担当，以及有参与精神的社区团体和居民，这三种力量对社造行动而言缺一不可。但如何让当前关注古城发展却缺乏社造认识与经验的这三类人群在较短的时间里能有基本认识和初步培力，同时又能激发这三类人群成为一个团队且是一个有主动性及能动性的团队，成为当务之急。

市政府提出由市古城办“由上而下”的行政操作，再配加一个“自下而上”

“培力赋权”社区团体的双向运作模式，同时借由“培训—提案—竞赛—选点”过程，激发对古城有心的这三类人成为社区团队。为尽量避免不可抗拒的情况发生，在正式启动社造行动计划之前，先为选人选点后续运作所需的所有条件预做准备：经市府办公会议通过及编足预算，并协调鲤城区政府各相关部门，筹建泉州古城社造推动小组，来增加行动计划的可持续性。在此耗时一年多的准备工作后，于2017年7月才正式启动“美丽古城，家园共造”的社区营造行动计划。

三、主要模式：社区草根培力的基层设计

“文火慢炖”的泉州古城社区营造行动，于2017年8月启动了。古城社造的启动工作是选出好的“三合一团队”社区作为试点，每个试点能获得政府在策划规划费和项目实施费上的支持。为了确定选出来的人员能对社造有基本认识与理解、是“自己很想做社造”，设计了通过“培训—提案—竞赛—选点”一系列过程来选拔试点社区，这个过程又细分为“初阶培训—进阶培训—提案初赛—中期汇报—决赛选点—试点规划竞赛”，总时长大约6—8个月，每1—1.5个月一个节点，每次2—5日（见图1）。

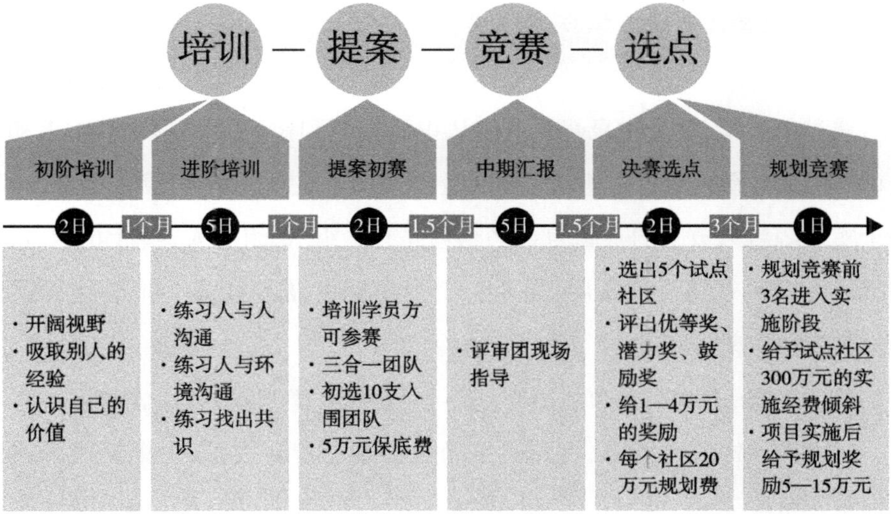

图1　泉州“美丽古城，家园共造”社造计划主要运作模式

前述“团队”称之为“三合一团队”，由社区干部、规划设计及相关专业者、热心人士或创客三类人共同组成。以往社区在推动工作时需要专业者“把脉出药方”，却不知道好的专业者在哪里；专业者进入社区后常常遇到“软棉花”，有力使不上；另外，热心人士或创客有时因不能与社区形成合力而瞎折腾。培训过程，就是创造大家认识社造、互相结缘、形成团队的过程。在经过一个多月对泉州古城“三合一团队”的前期摸排调研，于9月16—17日在泉州鲤城区政府启动了第一步：初阶培训行动。

（一）初阶培训参加者对社区营造的初步认识：沟通、磨合、共识

为期两天的“古城活化及文化保护”相关理念与概念以及国内外社造案例的密集培训过程非常顺利。尽管是周末，拥有400多个座位的课堂座无虚席，上课学员的热情与积极性高涨。另外，相关媒体（如《泉州晚报》《东南日报》、“泉州古城发展”微信公号等）还进行了报道。

媒体报道对培训的“社区营造”作了这样的注脚：

沟通，是社区营造过程的“连心桥”

磨合，是社区营造过程的“催化剂”

共识，是社区营造过程的“助力器”

通过此步骤，学员对泉州社造的认识已相当到位，达到共识，基本上初阶培训已收到成效。在此基础上，参加过初阶培训的学员才能报名进阶培训，由于实做练习人数上的限制为63个学员（有9组、每组7人，共计63人），且须维持“三合一团队”的特质，为期1个月的自主报名，共有100多名学员主动报名参与进阶课程。

（二）进阶培训参加者的主体认识：自我反思、学习对话、达成共识

2017年11月4—5日，经过近一个月的精心筹备安排，为期两天的进阶培训第一阶段展开，有85名学员参加，旁听人员超过100人，培训分为理论和案例分解课以及实习操作课两大部分，其中实习课分为9组，将用3周时间进行社区营造的调研练习后，再于11月24—25日开展第二阶段课程，并于

11 月 26 日进行成果汇报。此阶段主要任务：

1. 引导学员互相倾听、对话、讨论，寻找共识；

2. 引导学员研判社区问题，找出病因；

3. 引导学员观察空间使用与空间形态的关系，探索改善的方法。重点练习不同人群的沟通，练习寻找共识；

4. 发现关注社区营造的在地人力资源，为下一步工作打下基础。

经过 3 周时间的分组实习讨论与操作练习，各类人群各有不同的体验及感受，例如有专业者说："从初阶到进阶仅仅只是个开始。社区营造不只是在营造着社区，也在营造着自我，不停地挑战和追问着自我"；有的社区领导说："无论做什么事，只有做起来、走进去，才能用身、用心，去触摸、去感受，只要这样就一定有所发现、有所发展、有所进步。也有的说："我们有很热心的人士对当地的人情世故了然于胸。我们要把这些人发掘、培养出来，充分发挥他们的带头带动、统筹协调作用，从而带动更多人一起干，这是'自下而上'机制的关键。"

这个阶段练习过程中学员们的主要体会是："突然发现自己脑洞大开，原来社区建设还可以这样玩儿啊！太新鲜了！完全颠覆了过往社区建设的经验。了解到'人'是社区建设最至关重要的因素，是根本；认识到团队的力量，外联的重要。同时收获了一大票品行兼优、德才兼备的年轻的有梦想的小伙伴，结识了好几位文化界大咖和古城热爱者。"他们学到的是和过去完全不同的社区建设模式，一种自下而上的社区营造模式，正如市古城办主任在进阶培训闭幕致辞中所说："我们通过进阶培训，已发现许多社区营造工作的好种子、好苗子、好的'三合一'团队，希望能为下一步的'提案初赛'打下基础。"

(三)古城社造初赛：要的是真心实意的社造团队

通过 3 个月培训及 1 个月的自由组队，共有 10 支团队报名参赛。2018 年 1 月 21 日在黎明职业大学老校区举行竞赛选点初赛。这是个实验性计划，目的之一是创造自下而上的渠道，使自发、自愿的群众以团队化方式，主动提案参与到社区发展和管理中来。泉州人素来有爱拼敢赢的精神，因此竞赛当天各团队无不准备充分、激情洋溢，竞赛气氛热烈。然而，眼尖的评审仍看到不足之处，例如：团队间重竞争而轻互联互助，与社区关系停留在调研而没有与群众同呼吸，出手习惯仍是项目而不是社造，调研方法流于形式主义，等等。为了尽可能地多渠道、多路径、多方式探索，以及3个月后才是决赛选出5个试点的情况，评审团决定这个阶段以鼓励为主，给予10支团队全数入围，但保留中期淘汰的可能性。2月3日上午在古城西街的广场，在古城办主任带领团队的社造宣言声中正式启动，同时特别提醒所有的团队："开场是热闹的，但如果只是一阵热就没办法做好，一定要沉下心来到一线、到我们的社区来研究这项社造工作，才能做得好。也许社造仍然无法解决（社区）这些问题，但是我们总归开始面对。一定要有耐力，要做好持久的准备，而我们要做的是尽可能长期的、更能带动社区、更能带动全局、更能示范到整个大的古城范围。总之，就是要真心实意做社造的团队。"

（四）竞赛选点：要社造，先连心、后改造

泉州古城社造启动适逢春节，整个2018年2月，古城洋溢着欢欣鼓舞的社造热情，在元宵节达到顶峰。各团队一改培训阶段采用问卷、调研、访谈、座谈等"话语沟通法"来认识社区；这个阶段，社造团队尝试通过挂灯笼、写春联、扎花灯、滚元宵、动手整理环境等"身体行动法"来接地气，使社造团队与社区的关系不再是"我－他者"的客观距离，群众不再是被调研、被动员对象，而是自愿的参与者，团队与社区逐渐凝聚出具有共同体感的"我们"。

正如其中一个团队的黄姓组长回忆道："这期间的收获很多很多。这一切都是在迈出与居民的真诚交流之后而发生的！泉州是一座有灵的城市，你在做，神明就在左右！慢慢地走在青龙巷中，有人认识你了，有人跟你打招呼了，巷中的居民愿意跟你交谈了，渐渐地我也对青龙巷有了感情了，下班回家总想先去看看……好多事情都在发生着改变！其间也得到好多人支持！突然有一天，有居民问说：'小黄，你们元宵活动做完就走了吗？能不能不要走！'就在那一刹那！整个心都被感动了！"另外，"2018年全国文学名家泉州古城元宵笔会"选择王宫社区作为风俗考察对象，所有古城社造成员无不同感高兴与骄傲，参与古城社造团队的体验成员脱口而出："先连心，后社造。"

（五）决赛选队：像增进生命那样增进社造，培育社区草根力量

2018年4月中旬的两个周末，社区营造竞赛选点的入围团队进入了中期

汇报,由团队带领评委走访社区现场,说明社造工作、思路和愿景,听取评委点评并交流。古城社造是一个城市日常公共生活的探寻和培育过程,社造切入点是需从古城生活中找出来的,是从社区日常生活中长出来的。它不是模式移植,更不是招商。因此仅此选人选点的时间就耗时 9 个多月,从 2017 年 9 月开始到 2018 年 6 月,拟选出 5 个试点,在"好一点、再好一点"的共识驱动下,在项目落地中通过"做"和"参与"过程,体现和深化社造的生活方式。

经过这般的小步快跑,整个过程在一定程度上使社造团队和社区民众体会到社造是过程,像生命那样展开的过程,而不是应急性项目;也在一定程度上使得地方发展在一个比较放松的、非正式的、友善的、柔性的社造场域中提前出现。6 月 3 日上午在鲤城区政府会议室,迎来"美丽古城,家园共造"社区营造选点决赛,尤以最近 4 个月的"以赛代练",使参赛团队对于社区营造有了真实体验。古城社造,是泉州与国家要求创新社会治理、"共建共治共享"高度一致的创新实验,核心内涵是要基于群众真实的生活经验,发动群众爱护古城、认同古城、参与古城提升。这个以赛代练的过程,既是竞赛,也是团建,更是培力社区草根团队的过程。

四、阶段性小结:社区培力正显、改变已然发生

我们看到第一批参与者的能动性已被激发出来,对古城保护和发展能主动提想法、主动参与,而不是等着上级机关下命令,这是最难得的,因其体现了政府和居民之间的互信重建,以及彼此允诺的责任。尽管整个实验计划仅进行过半,但社区草根培力的效果已然呈现。

(一)社区干部的转变:反映要有用、真为社区做点事

一位团队的小组长回忆说:"让我们最惊喜的是发现我们的社区干部'祥哥'的变化,那个在最初小组交自我介绍材料催了两三次才交出来的、回复总是慢半拍的、曾经总是坐在角落一语不发的'祥哥',变成积极配合跟进社造工作的、变成了话多、爱和我们开玩笑,也变成了能主动对方案构想提出意见的的'祥哥'。"社区干部之所以会有这样的转变,主要是他觉得往常社区干部说了自己的意见或建议也没用,那干脆就不说了,但这次好像有点不一样,真

的是在为社区做点事，且提出意见后团队也会有所回应。

（二）社区热心人士/幼儿园老师的感触：学校要与社区联手才能有特色

一位在进阶培训后才加入团队的社区幼儿园老师说："不久前社造小组成功举办了'新生焕力量、青龙有生机'青龙巷百人快闪活动，这个活动在临江街道团工委的带头牵线下，集合了隘南社区的居民、传春幼儿园、鲤城区实验小学和泉州七中一同表演了10个精彩纷呈的节目，那天下午的青龙巷沸腾了。通过这样的活动让各方感受到了社造的魅力和影响力，更重要的是让大家看到了来自学生的'新生'力量，他们才是古城的未来和活力。如果没有社区营造小组在这当中所扮演的角色和肩负的作用，单靠某个学校是没办法做出这样的活动的。"这位以社区热心人加入的幼儿园老师，深深感受到幼儿园只有积极与社区联手，有效利用社区资源，形成资源共享的模式，才能探索出有效的教育途径，形成幼儿园富有当地特色的课程，对于推广学园和社区、提高教师教育教学水平等方面，都具有重要的意义。

（三）一个专业者的反思：社造从自造开始，不是一个人在战斗

一位担负团队组长的专业者说："社造并不是来摆个花架子，或是来做个两三天就拍拍屁股走人的面子工程，而是必须做好了脚踏实地，长期奋斗、长期陪伴社区的准备。唯有真正、频繁地走入社区，一起工作，一同相处，互相理解，互相尊重，才能增进互相理解，才能建立彼此的信任。且在建立具有互信的社造团队后，无论是社区的干部们，还是非在地的专业者及热心人们，我们都比之前更能主动地提出自己的观点和想法，并一起进行商量和探讨。社造团队成员们之间的情感也越发深厚，不仅是社造的工作伙伴，我们之间更成为了朋友。……我们正在通过这个过程认识世界，找到自己的位置和存在的意义。曾有朋友问：'溪亭社造这么苦，你们怎么活下来的？'我笑着说：'因为我们不是一个人在战斗呀！'"我们可以感受到：一个愿意改变、愿意协助与赋权社区的地方或政府部门，一个有着"鸡婆"精神、坚持而有担当的专业者，一群有公共意识与积极参与精神的社区住民或社团——这些愿意为地方付出、热爱家园的"三合一团队"，这三种力量对泉州社造而言确是缺一不可的（见图2）。

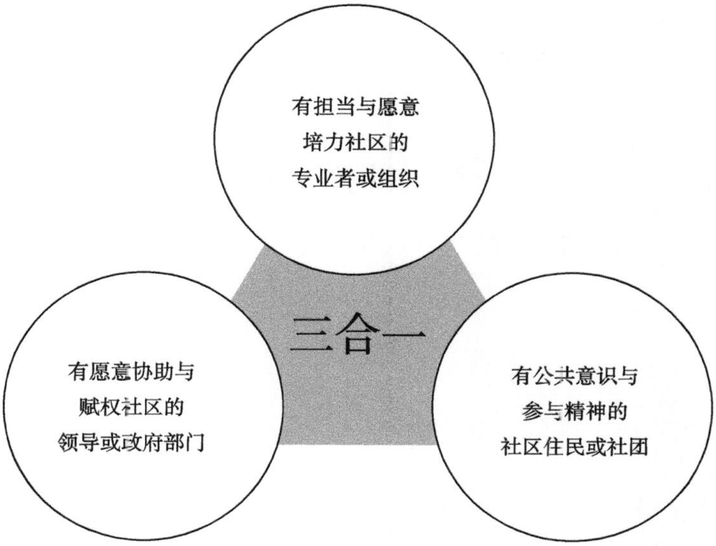

图 2　泉州社区营造的“三合一团队”底层设计示意图

泉州古城社区营造,期待的效果是社区整体达到平衡,促进共同发展。所以要使社造的连心桥、催化剂、助力器有效,便须多沟通、多磨合、求共识,不是嘴巴上的廉价承诺,而是行动上的身体力行。为此,古城办为社造设计了一系列的行动与制度,不仅要求社造团队遵守,也要求政府的承诺自己也要做到。至此,泉州古城第一批社造试点已经选拔产生,既是阶段性成果也是新阶段的开始。

(作者单位:集美大学美术与设计学院)

社区营造化的治理模式研究
——基于对大栅栏社会学干预实验的分析

梁肖月

社区是社会最基本的单元，社区治理体系的建设是打造共建共治共享的社会治理格局的基础。社区治理创新模式在全国蓬勃发展，具体来说，社区内的多元主体力量的“协商共治机制”一直以来是社区治理创新模式的焦点问题，原因在于各方力量的边界不清、职责不明以及社会力量仍未被有效且充分动员。本文希望通过分析社区治理中的痛点和难点，指出社区营造化思维的作用和意义，并以社会学干预实验的案例分析，说明“五个社造化”的治理模式及实现过程，为社区治理提供创新思路。

一、社区治理的痛、难点分析及社区营造新思维

城市社区治理体系涵盖了多元主体，包括街道办事处、社区基层党组织（社区党委）、社区居委会、社区服务站、社区社会组织、业主委员会、社区居民、物业公司、驻区单位、专业社会组织等，实则也是涵盖政府、社会、商业三者力量间的协同关系，每种主体的立场有所不同，如何在社区治理过程中调动各方力量，发挥出各自优势，多元主体力量协同治理是各地社区治理创新模式的重点课题，然而各方力量均有其痛点和难点。以下仅以社区“两委”、社会组织、驻区单位为例进行简要分析。

（一）多元力量的问题分析

社区党委作为基层党组织引领社区的发展，社区居委会属于居民群众性

自治组织，然而社区“两委”在实际工作中却因为大量的行政性事务被赋予更多的身份和角色，社区“两委”一站班子成员“你中有我、我中有你”、一人兼多职等现象均导致了社区工作者们巨大的工作压力。虽然对于社区工作者“减负”的政策陆续出台，呼声亦日渐增强，然而在社区工作依然是“上面千条线、下面一根针”的现状面前，如何才能让社区工作者真正实现有效减负？

社会组织作为社会领域的专业力量，在提出小政府、大社会的政府职能转移后，社会组织承接了社区里部分专项服务项目，在多个领域均开展着专业服务。随着各级政府购买项目的实施，越来越多的社会组织纷纷落地社区，转型做起了社区服务项目。然而社会组织本身具有本专业的技术和方法，不太可能作为“全能型选手”服务于社区各方各面或各个群体。因此在当前社会组织数量依旧有限的情况下，社会组织面临着坚持本领域的专业性和跨领域承接项目以维系机构生存的两难选择。同时社会组织由于面临养机构养人员的现实原因，往往无法在一个街道或社区扎根，随着出资方及资金来源的变化，不得不以项目化来实现社区服务的目标，更多时候是“授人以鱼”而非是“授人以渔”，如果未来该地区没有资金继续购买社会组织的服务时，社会组织将会撤出该地区另找其他可以购买其服务的地区落地，该地区的服务项目也会因此而被迫中断。

驻区单位依照其商业企业属性，以营利为目的，在社区里仅仅是工作而非生活，与社区的连带关系仅限于共建单位的身份之名，大部分尚无身份之实。很多小型的驻区单位也会因为房租、业绩等原因造成人员流动性甚至公司流动性较高的现象。大型驻区单位一般会以场地、物资等资源作为共建资本，人力会以阶段性志愿参与的形式参与社区某项公益活动，但驻区单位总体来说与社区其他主体力量的协同关系较弱。如何调动社区内的驻区单位更加广泛和深入地参与社区治理体系并发挥驻区单位的资源优势成为亟待解决的重大问题。

（二）社区营造新思维的分析

结合以上各方主体的痛点和难点，社区营造的起源即源于工业化发展后的城市化出现，调和政府、社会和商业各方力量协同发展，将人、文、地、产、景作为社区营造的五大构面，具体延伸到邻里关系、地区文化、地区资源、在地产业、空间调整等内容，作为社区营造的切入点。我国学者清华大学社会学系罗家德教授认为社区营造是政府引导、民间自发、社会组织帮扶，使社区居民自组织、自治理、自发展，共同解决社区所面对的公共议题。实务工作者也对社区营造有自己的理解，即社区营造是基于对这个地方的爱而不断地行动。笔者对于社区营造结合实务经验的总结认为社区营造是社区内不同主体力量共同协商合作，形成社区自治理机制，实现“人人可社造、快乐享社造、永续做社造”的共治共建共享的过程。

二、社区营造化理念下的社会学干预实验

（一）社会学干预方法

有效探索社区治理的模式需要采用理论与实践相结合的方式，社会研究方法中的干预方法不仅仅是传统的收集数据的技术方法，而是与理论基础相结合，通过能动的干预手段，介入社会生活，重建行动者所处的社会情境和社会关系，探讨情境关系中的本相和实质，从而获得真实有效的社会认知①。

（二）实验基地基本情况

北京大栅栏街道位于北京旧城核心地区，距今已有600年的文化历史，是国粹京剧文化的发源地，也是古代京师的金融文化中心以及市井文化中心。历经几百年的沧桑巨变后，大栅栏街道目前属于老旧胡同街区类型，是北京市33个历史文化保护区之一。辖区面积1.26平方千米，共有9个社区，户籍人口约为4.9万人，常住人口约4万人。由于本地人群老弱、外地人群聚居、房屋老化严重等原因，现如今的大栅栏呈现出“社区衰败”的现状②。

清华社会学干预研究团队（以下简称“干预队伍”）于2014年2月由清华大学社会学系沈原教授和罗家德教授带队，由若干博士生、硕士生和志愿者组成干预团队，在大栅栏街道展开了一场长期的社会学实验，至今已有6年多的时间，依然在做着干预实验研究。由于大栅栏街道的“社区衰败”的现状，

---

① 沈原．“强干预”与“弱干预”：社会学干预方法的两条途径[J]．社会学研究，2006(05)：5-6.

② 沈原．老旧街区的社区建设[J]．国际社会科学杂志（中文版），2019，36(01)：21.

干预队伍明确了老旧街区社区建设的主旨，通过各种干预手段，努力恢复社区自身的活力，开展"社区活化"工程，即培育自组织能力[①]。具体干预路径分为社会关系、空间关系以及文化传统三个方面，本文主要以社会关系干预路径说明社区营造化的实验过程。

（三）社会学干预的实验过程——基于对社会关系干预路径的分析

社会关系干预内容以培育社区社会组织为抓手，在社区营造化理念和自组织过程理论[②]的指导下，以民政部《大力培育发展社区社会组织的意见》为指引，与大栅栏街道和各社区一起开展了这场社会学干预实验。干预团队的办公基地在大栅栏社会组织服务中心，团队属于理论研究和实务操作相结合的团队。除了带队老师申请到的北京社科基金的科研课题经费外，还在西城区民政局注册成立了一家社会组织，承接大栅栏街道的政府购买项目，作为培育社区社会组织的资金来源。

此干预实验的目标为挖掘社区能人，经过培力及陪伴的干预方法，激活社区自组织，以自愿为原则，在大栅栏地区范围内以社区社会组织为主体，结合各社区实际情况和特征，开展社区各类公共服务及活动，最终使社区社会组织具有自我运营和自我管理的能力，形成组织内部的自治理机制，并具有社区公共性[③]的意识和能力，通过社区社会组织的力量解决社区问题。同时在此过程中形塑社区社会组织发育和生长的生态环境，结合社区和街道的特色，搭建街道内9个社区的社区社会组织彼此联合与互相协作的支持平台。

为了达成以上的干预目标，干预队伍先后开展了组织资源调研、社区营造培训、微公益创投项目引入、社区社会组织培育和评估等五大工作流程。

---

① 沈原．老旧街区的社区建设[J]．国际社会科学杂志（中文版），2019，36（01）：21.

② 罗家德，李智超．乡村社区自组织治理的信任机制初探——以一个村民经济合作组织为例[J]．管理世界，2012（10）：91－92.

③ 梁肖月．社区自组织"公共性"的培育路径分析——以北京西城大栅栏街道社区营造实验为例[J]．北京规划建设，2019（S2）：97.

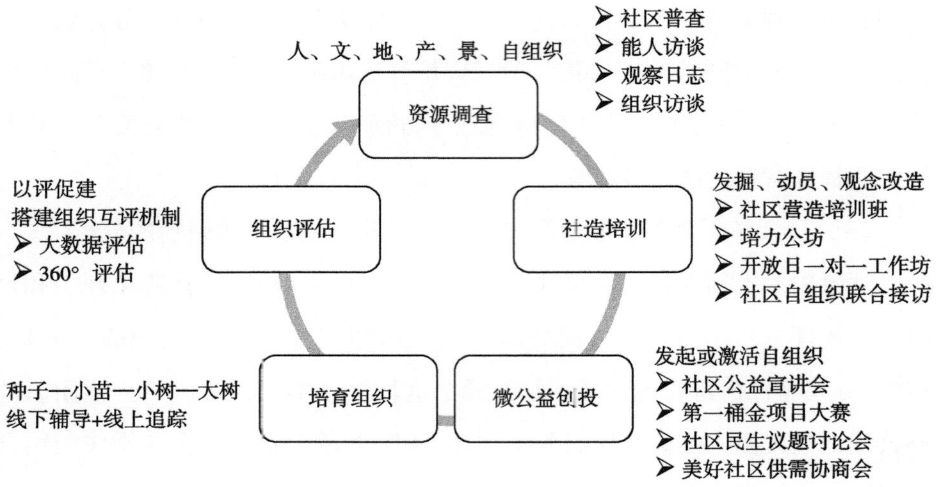

图1　社区营造的五大工作流程

1. 组织资源调研

干预队伍于2015年对全街道的86个社区社会组织进行调研，与社区书记主任和社区社会组织进行半结构式访谈，发现社区社会组织存在“三多一少”的现象，即助老组织多、育幼组织多、娱乐组织多，而公民调解和公民教育的组织相对稀少①。自2016年开始，随着组织培育的深入开展，社区组织调研的方式改为日常观察及组织访谈相结合，对全街道有意愿参与组织培育的社区社会组织进行定期阶段性调研。截至2019年末，干预队伍共对50个社区社会组织进行培育干预，其中体育健身类11个（22%），声乐朗诵类8个（16%），环境保护类7个（14%），社区教育类5个（10%），文化娱乐类5个（10%），为老服务类4个（8%），邻里互助类3个（6%），手工编织类3个（6%），文化传承类3个（6%），助残服务类1个（2%）。经过社区社会的培育干预后，组织化程度明显提高，社区社会组织负责人全部是社区居民身份，且有自己的核心团队和组织架构，具有明确的组织发展目标，自主定期开展组织活动。其中48个（96%）社区社会组织具有自主设计并实施项目活动方案的能力，同时具有组织内部预算编制及资金管理和使用的能力；其中46个

① 沈原．老旧街区的社区建设［J］．国际社会科学杂志（中文版），2019，36（01）：22.

(94%)社区社会组织具有社区公共性,以社区社会组织为主体独立开展过社区公共服务活动或特殊人群的互助服务。

2. 社区营造培训

培训体系分为理念推广类、实务推进类以及社区培力类三类。第一类理念推广类为每年举办一次集中式3至5日的培训,自2015年至2019年共举办5届大栅栏社区营造培训班,培训主题根据社区社会组织发展阶段的进阶,经历了由理念普及、平台搭建、组织培育、项目设计到社区协商平台的培训主题变化过程。培训对象为社区社会组织成员、社区能人、社区工作者以及外部伙伴。第二类实务推进类培训自2017年7月开始,每半个月固定举办一次培力公坊,意为“陪伴社区居民提升能力的公益性质的工作坊”。截止到2019年12月,已经举办68期培力公坊,直接受益约为1250余人次。培训内容为外部社区伙伴经验分享、街道内部社区社会组织经验交流以及外出交流学习等,培训方式基本以交流分享式的工作坊为主,区别于理念推广类的授课式的培训方式。第三类社区培力类的主办方均为社区社会组织,以组织为主体在其所在的社区为各类群体举办培训,培训内容包括学习手机及相机的使用方法、体育健身和声乐朗诵、手工编织、文明养犬及垃圾分类等环保理念和知识等。

表1 社区营造培训体系一览表

培训类别	起始阶段	培训目的	培训内容	培训对象	培训形式
理念推广类	社造初期	传播社造理念、打造社造氛围	理论学习、案例分享、政策解读	基层街镇工作人员、专业社会组织负责人等	讲授为主,讨论分享及实地参访为辅
实务推进类	具有一定的社造理念后	学习社造实务操作方法,培育社区社会组织核心成员	实务方法、动员方法、团队建设方法、实地参观	社区社会组织负责人及核心成员,社区工作者等	参与式工作坊讨论为主,经验分享、实地参访学习为辅
社区培力类	社造中后期	培育和挖掘社区能人	不同公共议题讨论、各类兴趣需求培训	社区能人、社区志愿者等	社区各类培训工作坊

3. 微公益创投项目引入

微公益创投是将经济生活中的“风险投资”或“创业投资”理念延伸到社会领域，具体来说是用于动员社区居民参与及培育社区社会组织的一种项目制方法，以公益的方式进行社区创业和投资。微公益创投项目的作用是动员更多社区居民参与到社区事务中来，并且激活社区社会组织，以更为规范化的方法促进社区社会组织参与社区公共服务。微公益创投为自愿申请社区项目的社区社会组织提供种子资金的支持，并且在过程中提供提升社区社会组织管理能力和项目能力的陪伴式辅导。

微公益创投的项目资金虽然也来自政府（例如街道），但是与政府购买项目存在明显的差异。第一，微公益创投项目的承接方可以是未进行登记注册的草根社区社会组织；第二，微公益创投项目注重规范性，对于专业性的要求相对较低；第三，微公益创投项目会有更多的培力陪伴，政府购买项目多为监督监测；第四，微公益创投仅作为培育组织的一种方法，干预团队的重点在于培育社区社会组织，而非为了项目而项目，这一点也是与政府购买项目的最大区别；第五，微公益创投培育社区社会组织会有一定的容错率或是失败率，而政府购买项目几乎很少有失败率。以大栅栏干预实验为例，目前培育的50个社区社会组织中，已有8个（16%）组织处于消亡或僵尸的状态。

微公益创投是四个阶段的项目方法的集合，包括社区公益宣讲会、第一桶金项目大赛、社区民生议题讨论会（简称“民生会”）以及美好社区供需协商平台（简称社区社会组织协商平台）。2015年至2016年实施的社区公益宣讲会和第一桶金项目大赛旨在提高社区社会组织的规范化，包括做项目及活动的规范化、项目资金使用的规范化以及组织管理的规范化。2017年至2018年尝试第一桶金项目大赛和民生会的混合方法，在提升社区社会组织能力的同时，对有意愿参与社区公共事务和服务特殊人群的社区社会组织加以引导，具备社区公共性的意识和能力，并且以社区社会组织为主体，独立设计并实施社区公益服务项目，提升主动了解社区需求的意识和能力，由自益互益向共益和公益的方向转变。2018年至2019年尝试使用社区社会组织协商平台的方式，将社区两委一站、社区社会组织以及专业社会组织和驻区单位多方主体力量集合到一个社区级平台上，对社区公共事务开展协商和合作，而实施的主体力量依然是社区的多个社区社会组织，社区党委把关大方向，外来的机构或组织提供支持或资源，基本形塑了社区社会组织发展的生态环境，并且在增能的同时，逐步为社区社会组织充权，实现由单个居民身份向社区社会组织成员身份再到社区内多个社区社会组织协商平台成员的身份转变的过程。

表 2　微公益创投项目方法一览表

组织发展阶段名称	社区能人	种子	小苗	小树	大树
阶段特征	有想法、有热情、有意愿	有初级组织形态、组织架构和组织目标，能够定期自主举办活动	关注社区公共事务及特殊人群的组织及联合体	有注册意愿并已注册为实体组织形态	组织功能和范围扩展，并具有组织内部的自组织机制
培育方法	社区公益宣讲会	第一桶金项目大赛	社区民生议题讨论会	美好社区供需协商会	

4. 社区社会组织培育和评估

社区社会组织的培育及评估均采用了线下和线上相结合的方法，将培育和评估过程相结合，目的是提高组织能力和提升组织内部成员素质。

社区社会组织培育的方法包括了培力和陪伴，培力部分包括了社区营造培训的内容，同时将培力的工作分为不同时间节点，包括每天、每半个月、每月、每年的时间序列，具体分为每天线上和线下的辅导、每半月的培力公坊、每一个月的财务辅导及汇报交流展示、每年的社区营造培训班等部分。陪伴主要依据形式的不同，分为线下活动追踪和线上活动辅导。自 2015 年至 2019 年，干预团队共进行了 442 次活动追踪（陪伴），5 届社区营造培训班（培力）、68 次培力公坊（培力）、666 次一对一辅导（培力）、65 次社区社会组织协商平台辅导（培力）。

表 3　大栅栏干预实验培力及陪伴情况统计一览表

年份	培力					陪伴
	社区营造培训班	培力公坊	一对一辅导	平台辅导（3 个社区）	联合接访	活动追踪
2015	1 届	——	——	——	——	——
2016	1 届	——	94	——	——	86
2017	1 届	18	181	——	——	224
2018	1 届	25	277	13	11	54
2019	1 届	25	114	52	18	78
总计	5	68	666	65	29	442

社区社会组织评估的方法包括了 360°评估和大数据评估。360°评估方法包括了对社区社会组织的组织发展阶段、项目实施成效以及资金使用规范度等方面的评估内容，评估对象为社区社会组织，评估人一般分为专家评估、自组织自评、组织间互评以及服务对象评价等方面，评估时间基本为半年一次。通过多维度、多群体的评估方式，目的是希望以评促建，清晰掌握各社区社会组织的发展程度及组织需求，提供更具有针对性的陪伴式辅导。2017 年和 2018 年连续开展了两届 360°评估，并且使用小程序进行电子数据收集，实现无纸化评估，节约了人力、物力和财力等资源，并且评估结果的效率也得到了明显提高。

大数据评估是将大数据应用技术与社区社会组织评估结合在一起的评估方式，目的在于解决日常评估的信息不对称问题，即解决社区社会组织日常资料积累以及组织发展过程评估的问题。评估方式为自动分析小程序记录的活动信息，通过频次和内容实时掌握社区社会组织发展的动态信息并加以评估。自 2017 年开始累计收集 550 余条社区社会组织提交的日常活动记录信息，实现实时在线了解社区社会组织动态活动信息的效果。

以上五大工作流程除了适用于大栅栏，经实践证明，在其他类型的社区也具有普适性，且每一个工作流程都可以作为行动干预的开端，每一个流程不是单独存在,多个流程可以同时并存。且五个流程亦无先后顺序,根据在地社区实际情况以及在地社区社会组织的需求操作即可。

三、"五个社造化"的社区治理模式分析

通过对于社区营造化理念下的社会学干预实验过程的分析,对于提高社区居民和社区社会组织参与社区事务的程度、减轻社区工作者的工作压力、社区专业组织力量"授人以渔"的实现都有不同程度的改善。基于对各方主体力量的角色和职能的分析,发现社区营造化的治理模式存在"五个社造化"的过程,分别是"自我社造化""社区社造化""组织社造化""行政社造化"以及"网络社造化"。

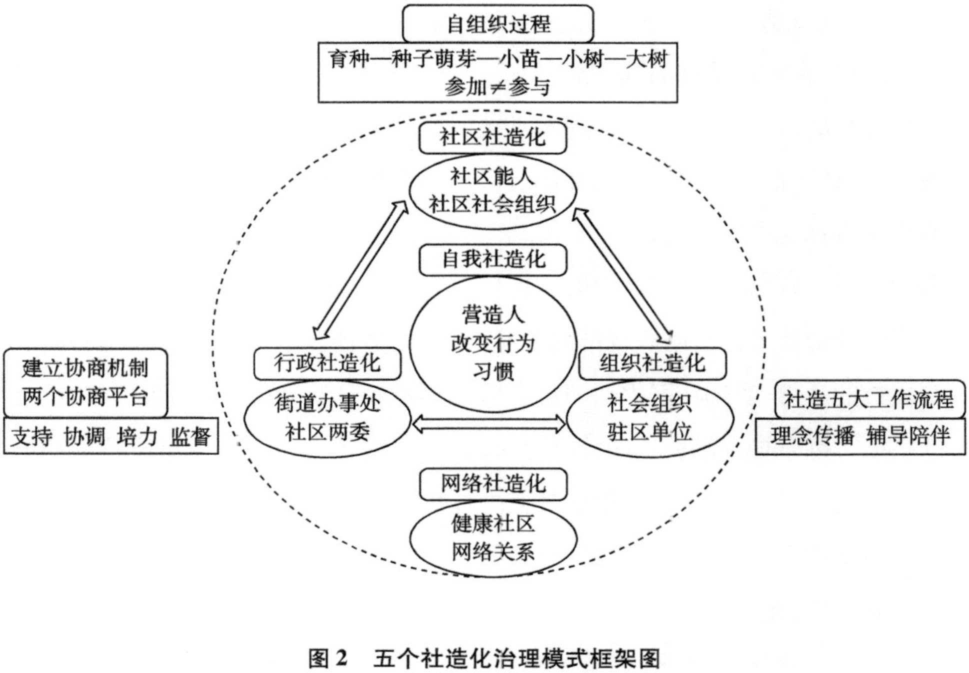

图2 五个社造化治理模式框架图

(一)"自我社造化"与改变人的行为习惯

"自我社造化"是实现社区营造化治理模式的基础。不论对于任何一方主体力量,作出改变的前提是希望改变。社区营造是造人的过程,也就是营造人即改变人的行为习惯的过程。而社区营造并不是万能钥匙,无法改变社

区里的所有人,社区营造能够改变的是那些想作出改变的人。改变意味着突破,意味着改变原有的固定模式,而采取新的尝试。改变对于每个个体来说都是痛苦的,意味着不得不改变自己旧有的惯习,而尝试接受和适应新的关系和环境。但每个人也都会经历这样一个自我改变的过程,包括笔者在内,通过不断地学习和反思,借鉴不同地方的经验,总结提炼适用于本地区的工作方法,尝试作出渐进式的改变,从我做起,通过自己的改变逐渐影响周围的人,包括社区社会组织成员、社区工作者、机构伙伴等群体,类似"差序格局"形态慢慢向周围扩散,当不同主体力量之间出现了交集,代表频率日渐趋同,整个地域的生态才会得以发生变化。

(二)"社区社造化"与社区社会组织参与社区公共服务

"社区社造化"意在改变社区居民。原有的治理机制中社区居民力量被严重忽略,在社区管理时代习惯了听从安排的社区居民,没有赋予发挥自己主体优势的机会,因此长期以来对于社区公共事务的态度表现为服从或是漠视,导致社区治理过程中存在社区居民参与率较低的普遍问题。社区社造化希望通过社区居民增能的方法,即陪伴式培力的方式,以微公益创投引入项目为抓手,为有意愿和有能力的社区居民充权,即从以前的单个个体的身份,逐渐转变为社区社会组织成员的身份,再转变为社区级社区社会组织协商平台成员的身份,实现社区内部的社会阶梯再流动。有意愿、有想法、有热情的社区能人可以自发组成社区社会组织,多个社区社会组织可以组成社区社会组织协商平台,并且与社区内的其他主体力量进行互动和协作。由过往的被动参加到如今的主动参与,并作为主体之一参与到社区公共事务中来。通过赋能和充权,充分调动社区里最为广大的力量,也就是社区居民力量。在基层党组织的领导下,充分发挥个体优势,激发社区居民的创造活力和主观能动性,并且用较为规范的方法开展实施,成为社区工作的合作伙伴,也体现出社区营造中"人人可社造"的特征。

(三)"组织社造化"与"授人以渔"

"组织社造化"意在改变社会组织或驻区单位。以专业社会组织为例,如何既可以发挥出组织专业性,又可以使专业性得以延续,有效的方法是用社造五大工作流程由“授人以渔”代替“授人以鱼”。通过陪伴式培力的方式,培养在地居民具有相应能力,实现助人自助的社会工作价值观。例如在培育社区社会组织过程中,培育社区社会组织规范开展项目活动、自主设计项目方案、保障政府资金的合理合规的使用等。

进入社区开展服务的专业社会组织迟早会撤出所在社区,因此对于社会组织来说避免被动退出该地区,而是主动考虑撤出该地区,且在撤出时对于目标达成进行目标设定,包括制定撤出前工作的阶段性目标、短期目标以及撤出后的长期目标。真正的社区营造成功的标志是在专业社会组织撤出之后,社区内生力量可以自我运转起来,也是这个专业社会组织的成功标志。

改变“唯项目”或“唯组织”的本末倒置的思想,也是“组织社造化”的核心理念。专业社会组织的作用不只是为了完成所承接的项目,而是如何把自己的专业力量在该地区生根发芽,得以传承和延续。如果是“唯项目”的情况下,往往会以完成项目为标准,一旦资金链断裂就会陷入被动撤出的窘境,而该组织在此地所有的付出有可能会付之一炬。如果是“唯组织”的情况下,只是为了培育组织而培育社区社会组织,极大可能会造成组织自主性和延续性不足,而培育社区社会组织不只是为了增量,更是为了组织持久的生命力和作用的发挥。因此避免掉“唯项目”和“唯组织”的短视思想,转变为在地赋能或增能,以保障在地内生力量自我运转和自我管理,才是社区营造理念下“永续做社造”的理念体现。往往社区内生力量很难自觉活化,需要外部专业社会组织力量给予支持和助力,真正能够做到这一点的专业社会组织,才是真正回应社区治理痛点和难点的真问题。

(四)“行政社造化”与社区“减负”

“行政社造化”意在改变政府官方部门的工作人员,包括街道相关科室工作人员以及社区工作者。基层社区治理以社区基层党组织为核心,在社区党委的领导下,开展各项社区治理的工作。党建引领是基层社区治理不可替代的力量。然而由于以前的社区管理式的方法,造成了社区“两委”包揽了大量社区事务,而使社区内生力量出现了“巨婴”现象,要么是没有内生力量，要么是有内生力量但总也无法长大成熟，难以真正成为社区两委的有力支持。巨大的负担压在社区“两委”的肩上，无法从繁重的社区公共事务抽离出来，对于社区治理创新具有极大的遏制作用。俗话说“要想跑得快，全靠车头带”，“车头”暗喻为基层党组织。而基层党组织以及社区工作者需要有更多精力来经营社区，调动各方力量共同为社区治理出力，而非是自己冲在一线做面面俱到的社区服务，严重影响了社区工作的效率和社区治理的创新性发挥。

社区营造化的社区治理机制实则倡导减轻社区工作者的压力和负担，将身份和角色定位于支持、协调、监督、培力即可，社区公共服务及公共事务尽量放手给有意愿、有能力的社区社会组织来承接，可以实现真正的社区“减负”目标。建立社区社会组织协商平台则为“行政社造化”的核心方法，给予社区其他内生力量或外部力量更多的机会发挥各自的优势和特长，实现多元力量协同治理的目标。

(五)“网络社造化”与健康的社区关系网络

“网络社造化”是实现社区营造化治理模式的结果。当不同主体力量能够各归其位、各司其职时，在多元主体力量相互配合之后，最终建立的是健康的社会网络关系生态环境，使整个社区居民之间不再是孤岛或原子化的个体，而是在居民之间形成一张健康的关系网络，从而改善社区内部的社会关系。同时也能够改变社区内的人与空间的关系，不再出现空置的公共空间，公共空间将作为社区居民的实体社交空间，增加居民之间互动的机会和频率。同时能够促进社区文化的形成以及社区内部自治机制的建立，实现社区场域这一情境中的社区自治理机制建立的目标，实际上是整个社区范围健康的社会关系网络生态的建立过程。

四、总结与反思

本文通过对社区治理现状及问题的分析，并通过进行社会学干预实验，将理论研究与实务操作相结合，并对实验过程和结果进行分析，提出社区治理过程中需要有社区营造化的理念，在干预研究的基础上，提出了社区治理

"五个社造化"的治理模式,分析多元主体力量的角色和职责,探讨多元主体协同共治的可行性模式。

然而本文仅以老旧街区的干预实验作为分析依据,对于其他社区类型的适用性有待检验。社区营造是一个长期的过程,培育社区社会组织也是一个漫长的过程,但实验基地的干预时长仅有6年时间,对于实验社区未来的变化仍需要继续观察和探索。

(作者单位:清华大学)

社区工作法

竹杆社区“1 +1 +N”工作法

郑红强

竹杆社区党委在东城区、朝阳门街道相关部门的支持下，按照社区治理的理念和方法，经过几年的探索与实践，初步形成了“党建引领、制度保障、平台支撑、精准服务”的社区治理综合服务体系。其核心工作为“1 +1 +N”。

一、“1”是党建引领下的社区治理综合服务体系顶层设计

坚持党建引领、做好社区治理综合服务体系的顶层设计，通过整合资源、搭建平台、完善长效机制，传统工作方法和高新科技手段相结合，畅通社区成员利益诉求表达渠道和社区成员协商议事能力，完善社区监督体系。在厘清社区治理各个主体的角色、职责和相互关系的基础上，形成并不断完善社区治理综合服务体系。

（一）制定体系运行的纲领性文件——《社区治理综合服务体系管理手册》（以下简称《手册》），以其作为体系运行的管理标准，也是对各主体方监督、检查、评定的依据

《手册》明确了参与社区治理各主体角色的职责分工，从“党建协调”“多方主体的职责和权限”“利益、诉求表达”“议事协商”“社区服务管理—社区党建、社区居民自治、社区文化、社区安全、竹杆社区服务协会服务、社区公共服务、社区养老服务、社区健康服务、公共设施管理、生活服务（生活服务的引入、生活服务的提供）”“监督、评价”“保密标准”“支撑保障”“改进”等各环节的运行流程进行了规范，以建立高效的社区治理综合服务体系和运行机制，实现“线上线下、系统内与多终端”的联通和互动，保障社区治理综合服务

体系的合规运转。

(二)制定了《社区治理综合服务体系程序文件》(以下简称《程序文件》)

《程序文件》从“生活服务引入”“评价”“平台用户信息采集”“信息数据分析”“管家服务递送”“培训”等多方面进行了规定。保证参与相关方对体系的认知、了解。通过对引入社区的商业服务企业进行测评,从制度上确保其提供的产品服务满足社区居民的需求。竹杆社区服务协会也在制度上被授予了组织会员(居民)对引入的服务实体进行评测和日常监督的职能。

(三)机制建设做保障

社区党委还制定了《社区党建协调机制》《社区利益诉求表达机制》《社区议事协商机制》《社区服务机制》《社区监督机制》《社区支撑保障机制》,保障各参与方的知情权、参与权、决策权、监督权,使各参与方既是问题的提出者,也是解决问题的参与者、办理结果的监督者,主体地位得到进一步突出,各主体在充分发挥各自作用的同时又相互协调联动,以做强党的建设、做实居民自治、做壮社区社会组织、做活社区经济。

二、“1”是社区运用“互联网+”搭建的“社区治理综合服务平台”

“平台”为社区治理综合服务体系运行的“线上”运行载体,实现多终端(手机App、电视、电脑等)的互联互通,让“我要说”“网上议事”等多方互动和社区公共政策服务、社区公益服务、便利居民生活服务等,通过线上线下的结合,落实社区居民的知情权、参与权和监督权,缩短社区了解民意、办结民事的时间,提高工作效率,形成居民事情无小事,事事有人理、有人管的工作格局。

“平台”实现社区治理综合服务全业务、全流程、全员的覆盖,保障体系运行更加高效、规范、精准的同时,使主管部门更好感知社区态势,同时利用大数据的统计、分析予以辅助决策。

三、“N”是社区各类服务

“服务”是社区永恒的主题,社区服务包括:社区党建、社区居民自治、社区文化、社区安全、社区服务协会服务、社区公共服务、社区养老服务、社区健康服务、公共设施管理、生活服务。

(一)社区党建,强化引领

强化思想引领。建立党员教育阵地,充分发挥党员作用,通过“平台”加强党员的教育管理,发挥党员的模范作用。

强化核心引领。落实社区大党委制度,通过“平台”,确保社区成员利益诉求渠道畅通;定期召开社区党组织和自治组织联席会议,通过创新服务群众的有效载体,不断完善社区治理综合服务体系建设。

强化服务引领。打造服务型党组织,强化服务意识、健全服务体系、创新服务载体、构建服务格局,提升服务水平;引入专业服务集成实体,链接商业服务资源,以社区管家为纽带,以服务为根本,社区居民需求为导向,利用“平台”,开展零距离递送专业服务,打通联系服务社区居民的“最后一公里”。

(二)实现社区居民自治,加快和谐社区构建

建立社区居民自治标准化体系,畅通利益诉求表达渠道,建立民主选举、民主决策、民主管理、民主监督长效机制,引导社区居民有序参与社区建设管理,开展快速、规范、有效的自我服务、管理、教育、监督;通过网上议事厅,形成线上线下相结合的会议形式,积极推进社区建设。

(三)开展多样化社区文化活动,打造核心价值观宣传阵地

利用“平台”从群众文化、体育与健身、科普活动学习与教育、公民道德风尚教育(社区卫生、社区绿化、社区环保等)入手,提倡社区精神,倡导邻里互助,加强社区文化建设。并通过培育社区文化团体(爱心编织组、舞蹈队、小车会、相声队、儿童公益舞蹈团、乒乓球队等)有计划、有安排开展活动。

(四)社区安全

通过“平台”定期开展安全意识、消防宣传、交通安全、居民自助教育,通报社区安全形势。将人防物防技防相结合、防管控相结合、网上网下相结合。社区管家24小时值守,定时巡逻;授权对社区管家、社区积极分子、管片民警、社区志愿者等授权开放云监控,随时随地通过手机即可了解社区安全情况。

实现了居民自治、群防群控。利用“平台”，畅通渠道，及时掌握社情民意，做好隐患排查。

（五）社区公共服务

建立社区公共服务标准化体系，建立并保存社区公共服务清单。办理事项明确，程序清楚；落实值班制度，根据要求记录办理事项档案。

（六）社区服务协会服务

对内开展居民自我服务，通过整合社区内外资源，针对需求，开展福利性、公益性服务项目；通过社区文化建设丰富居民的精神文化生活；建立社区治理综合商业服务监督评价体系，针对群众的不同需求测评引入各项服务，通过监督评估，对线上运营的各应用服务商进行信用测评，对出现质量问题的服务商进行追责。

（七）社区养老服务

通过“平台”，向居家老人提供更为便捷的生活照料、医疗保健、精神慰藉、文化娱乐等服务；对社区养老服务方式、服务机构、养老服务员、服务管理、意外事件处理等提出具体要求，特别是对护理内容制定标准及操作性强的详细要求，保证老年人得到高质量的生活照料，确保服务规范化运行。

（八）社区健康服务

通过“平台”，为社区居民提供便捷的健康服务；宣传卫生防疫知识，协助有关部门开展社区卫生服务；建立社区居民健康档案；对居民健康进行全面监测、分析、评估、提供健康咨询和指导以及对健康危险因素进行干预的全过程。

（九）公共设施管理

建立社区公共设施管理清单；明确公共设施管理的程序；宣传相关法规知识，教育社区成员形成对公共设施监督和保护意识。

（十）生活服务

建立社区生活服务清单；针对每一项服务，细化服务提供方、服务流程、服务标准等，确保给社区成员提供的服务质量。

社区党委定期组织各方对社区治理体系的运行进行分析、评价，并提出相应的改进措施，以使社区治理综合服务体系持续改进、有效运行。

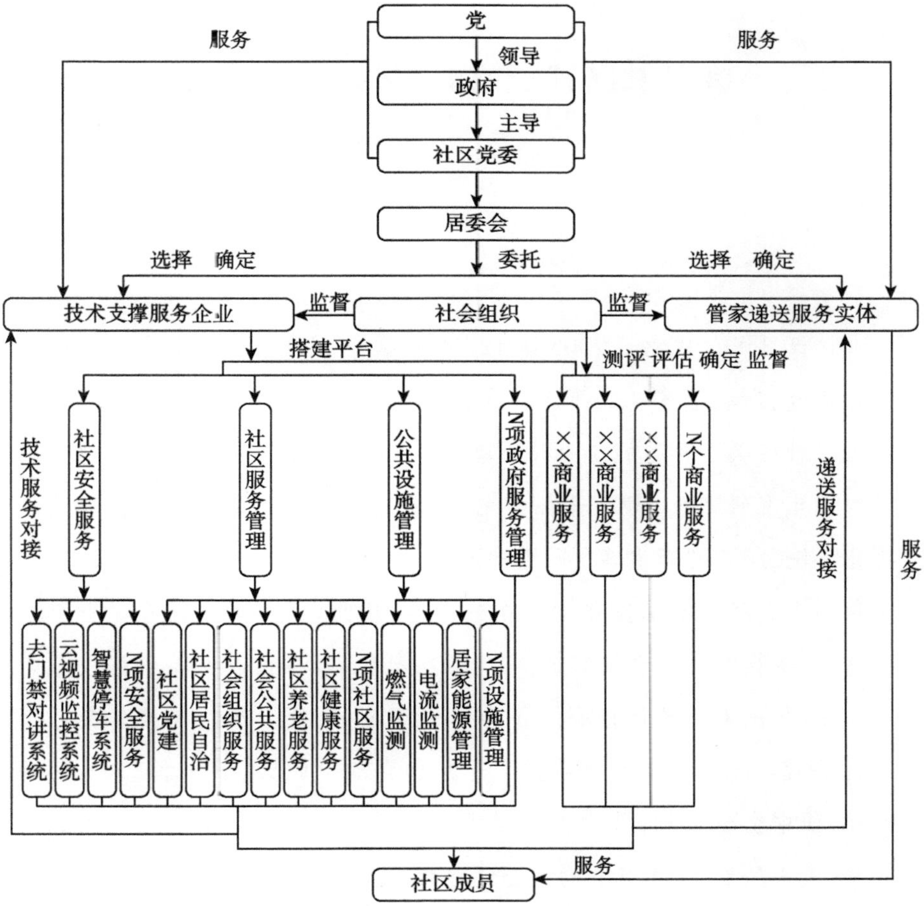

竹杆社区治理综合服务流程图

（作者单位：北京市东城区朝阳门街道竹杆社区）

龙马社区:“三建五治四享”工作法

高飞飞

龙马社区成立于2005年12月,隶属于长沙市芙蓉区东湖街道办事处,所辖面积4.3平方千米,常住人口6360人,流动人口1952人。社区属于典型的农业科研单位型社区,主要包括中科院亚热带农业生态研究所、湖南省农科院、中国气象局气象干部培训学院湖南分院、湖南省畜牧兽医研究所四大农业科研单位。“共和国勋章”获得者袁隆平便工作和生活在社区内,除此之外,生猪饲养院士印遇龙、辣椒院士邹学校都工作、生活在社区,社区内农业科研型人才众多,居民素质整体偏高。作为单位型社区,社区深入贯彻落实习近平新时代中国特色社会主义思想和党的十九大、十九届二中、三中、四中全会精神,努力激发基层治理创新活力,致力建设人人有责、人人尽责、人人享有的社会治理共同体,形成了“三建五治四享”的工作法,开创了共建共治共享基层社区治理新局面。

一、强化党建引领,促进“三建”发展

(一)凝聚单位力量,共建“龙马讲习院”

按照“区域统筹、资源整合、优势互补、共建共享”的原则,在社区范围内,形成了以社区党组织为核心,有机联合驻地单位、行业及各领域党组织、党员、群众,共同参与打造城市基层党建新格局。社区、辖区机关、单位在信息、场所阵地、文化、服务等资源方面实现了集约利用和良性互动,突破了传统的“单位党建”模式,隶属不同系统、掌握不同资源、各自为政的党组织联系成为紧密型的党建共同体,形成全覆盖、广吸纳、动态开放的基层党组织体系,以

“大党委 +”的模式，定期召开党建联席会议，通过组织共建、活动共联、社会共治、资源共享的方式，社区与驻社区单位共同推进社区事务。

社区与驻社区四大单位互相提供资源清单 24 个、需求清单 24 项，了解双方所困所需，进行服务双向认领，形成年度 6 项共建项目清单。在各单位的支持下，社区建立 1500 余名单位在职党员档册台账，党员积极认领志愿服务岗位，成为社区建设的重要力量。各单位在职干部、党员、退休职工等义务担任社区 14 个网格的居民代表、楼栋长等，积极参与社区公共事务，及时向社区反馈居民诉求，有效调解居民矛盾纠纷，全程参与社区惠民资金项目意见征集、决策、使用监督等，自觉参与蓝天保卫战、河长制等社区中心工作。

社区联合各大单位联袂打造了“龙马讲习院”，社区党组织牵头，常态开展区域性共联活动，把“主题党日”和党性教育有机结合起来，开展了重温入党誓词、讲红色专题党课、参观红色教育基地、古塔下讲习堂等系列学习教育活动。单位 47 名知名专家担任“四团”讲习队伍讲师，把党的建设与科学研究、区域发展结合起来，在社区“微基地”举办讲“习”活动，讲习队伍讲师用群众喜闻乐见的方式开展讲习活动 50 余场，助力共联活动内容升级。

（二）引进社工组织，联建“社区学院”

为实现社区高龄独居老人安享晚年、建立完备的社区长者养老体系的目标，在“三社联动”的机制下，引进长沙市“孝为先”社工机构，运用社会工作“助人自助”理念与专业工作方法，挖掘与培育社区能人骨干与社区长者互助服务组织，推动政社党群紧密合作，优劣互补，共同促进社区养老服务体系建立，为社区老人创造一个人文、自然环境相适宜的养老环境。

以社区为主导，“孝为先”社工机构管理承办，共同开办“社区学院”。通过开展群众性文化活动，为社区居民创造有效的、便捷的学习条件和机会。现已陆续开设 19 门特色课程，社区离退休的老专家、老党员等 20 余名志愿者义务担任课程教师，发挥他们的专业特长，为社区群众送去时事热点、科技、文化、生活百科知识等。扶思想、扶观念、扶信心，传递党的声音进万家，让老百姓感受到文化的温暖和力量。主要课程有：党员培训班，红色沙龙，“两型”宣教课堂，乐龄太极班，乐龄器乐班，乐龄舞蹈班，生活美学课堂，瑜伽养生课堂，智能网络课堂，代际教育课堂，安全教育课堂，中医保健课堂等。深受居民群众的喜爱，参与人次达5000余次，覆盖范围广，真正实现了社区与居民之间的融合互动。

（三）依托高校资源，合建"三一工程"

作为湖南农业大学马克思主义学院的"三一工程"基地，龙马社区紧紧依靠湖南农业大学马克思主义学院的思想政治教育资源，通过"走出去"与"请进来"、高校与社区基层党组织、政治理论课程与实践三个结合的方式加强社区党组织的政治建设。坚持问题导向，针对部分党员存在的宗旨观念淡薄、原则性不强、思想困惑等问题，突出党的宗旨、党性、党员义务和党史、国情、中国梦等教育，通过"双百工程"（百余"微党课"、百余学习沙龙活动）将高校的政治理论传递给社区的党员，定期进行党员"思想洗礼"，提升党员党性意识和身份意识，形成统一的思想观念。

二、夯实治理基石，深化"五治"融合

（一）聚力党员，明确治理目标

社区充分挖掘离退休党员、直管党员、在职党员等志愿力量，建成"龙马先锋"志愿服务队，由社区在职党员、农科院后勤管理处工作人员彭雪梅担任队长，现有成员400余名，骨干成员35名。他们是爱和温情的传递者，他们不分长幼，无私奉献自己的力量，争做社区的先锋者，争做时代的新楷模。"龙马先锋"志愿服务内容包括：为社区内的孤寡、独居、空巢、高龄老人以及困难家庭、失独家庭、残疾家庭等困难群体提供帮扶服务；协助社区公共设施维修维护，参与社区共建活动，社区环境维护，社区矛盾调解，社区学院教学和管理等义务服务。在社区，"龙马先锋"志愿者上门走访、陪护孤寡、独居、空巢、高龄老人，帮扶困难、失独、残疾家庭，调解社区居民矛盾等志愿活动已成为常态。

（二）发动志愿，扩容治理内容

社区秉承"为民服务解难题"的宗旨，问民意需求、列民情清单、订民生计划，将社区居民最关心的、最迫切解决的难题纳入"龙马民情库"，逐一抓落实。社区长期坚持对老旧小区的夜间巡察，但因社区面积大、人员有限，巡察存在覆盖不全面等问题。社区党员周娭驰提议成立社区志愿巡逻小队，并第一个报名成为志愿者。2019 年 9 月，“红马甲”志愿巡逻队正式成立，共有 106 名巡逻志愿者。社区户籍民警对部分巡逻志愿者进行了培训，并传授巡逻工作守则。自成立起，“红马甲”志愿巡逻队的志愿者便上岗，开启社区夜间巡逻新模式，按照 106 名志愿者居住小区的不同分为 4 个小组，并根据每个小组的实际情况分为“橙”“黄”“红”等多岗，错时上岗，从晚上 7 点开始到岗，戴上红袖章开始巡逻。截至目前，“红马甲” 志愿巡逻队巡逻次数达 100 余次。

（三）壮大社团，深化治理模式

根据社区居民热爱文体活动的特性，激发各类活动组织者的热情，引导他们成立各类居民协会组织。据统计，2016 年初，社区注册备案的居民协会组织为 9 个，会员人数合计 580 人。在社区的引导与支持下，太极协会、模特协会、合唱协会等协会组织先后成立。目前，社区已经成立 14 个居民协会组织，会员人数已突破 1000 人。协会组织活动不局限于居民文娱生活，还广泛宣传党的政策、理论，在居民群众中立起了标杆，比如由协会组织自主筹办的一年一度的百姓联欢晚会，为居民群众带来了丰富的文化盛宴，将社会主义核心价值观、中国梦等主题嵌入节目中，给居民群众进行一次次思想的洗礼。

（四）健全自治，创新治理路径

为了丰富社区与居民的联系，了解民情，了解民忧，以民为本，服务于社区，贯彻实施党的方针、政策，尽力增加人民的福祉，存利于人民，并实施社区居民自治的目的，社区在职、退休党员及统战人士、居民代表在社区党支部的指导下成立志愿服务队，设立龙马社区“民情聊天室”。通过聊天室，将居民的合理化建议汇集，为社区开展工作提供着力点和依据。据统计，“民情聊天室”现已收集居民有效意见 100 余条，解决群众难题 58 件。

（五）延伸服务，提高治理效能

根据辖区地域特征，将社区无缝隙地划分为 14 个网格，各单位在职干部、党员、退休职工等义务担任网格居民代表、楼栋长等，建立 14 个网格微信群，开通“不打烊”的网约平台。由社区工作人员担任群主，管理网格内的公共事务。社区通过14个网格微信群第一时间向辖区居民传达最新的政策、文件，及时宣传党和政府的重大方针和惠民政策，确保信息的全覆盖。居民的投诉、建议和咨询也能随时随地通过指尖进行传递，微信群主负责跟踪办结群众诉求。

三、突出服务核心，构建“四享”格局

（一）“微基地”平台，共享文化阵地

社区打造出“一街一墙一园一吧”等文化阵地，用党员群众喜闻乐见的方式将党的理论知识融入日常生活，让党建元素随处可见。党建文化街将《习近平用典》一书中13个篇章在社区主干道上进行宣传；廉政文化墙嵌入廉政警语、君子文化等内容，倡导文明好风尚；“党章文化园”“古塔书吧”“方圆人生”“党建两型楼”等党建“微基地”，为党员群众打造家门口的红色精神家园。打造社区“邻里中心”，社区与省农科院水稻研究所联合打造出“党群活动中心”，升级社区三楼大会议室，打造出标准化的党员活动阵地。

（二）“微形式”课堂，共享党员活动

将“大主题”与“小切口”、“讲理论”与“讲故事”、“普通话”与“地方话”结合，补足党员思想之钙、精神之魂。每月2—4次，结合“微基地”，党员轮流登台上好“微党课”；开展党员故事会，党员讲述自身或身边党员的好故事，传播党员好声音和党建正能量；开设党员微信群，让线下与线上双向互通，同步互补，打造“指尖上的党建阵地”；开展老奖状、老书信等红色老物件征集，讲述老物件背后的感人故事。

（三）屋顶“蔬菜”，共享科技成果

屋顶“蔬菜”共同体是区域化党建下的产物，是社区落实城市基层党建工作、推进“芙蓉先锋共同体”龙马片区发展的具体举措，主要通过共绘资源图、共列需求单、共促共同体、共推科技成果等树立屋顶“蔬菜”共同体品牌，展社区特色、促党建发展。屋顶是“龙马讲习院”讲习活动开展的重要场所，屋顶的蔬菜、花卉、水果、香料植物则是鲜活的教材，来自湖南省蔬菜研究所的专家学者通过“现场展示 + 科普教育”的讲习方式让社区的中小学生、大学生以及种植爱好者居民了解最新研发的蔬菜品种、栽培技术以及屋顶种植的注意事项等。在屋顶现场，可以直观感受不同蔬菜的形态特点、演化历程、功能成效、文化趣谈等。

（四）“连心”走访，共享贴心服务

为全面贯彻落实区委1号文件指示精神，区委区政府“三大工程”“九大行动”，进一步加强和改进新形势下群众工作，密切党同人民群众心连心。社区自2016年开展群众工作“连心”行动，联点干部开展入户走访，完成走访联点家庭762户。据统计，社区联点干部在走访过程中，共收集群众反映问题200余条，合并同类问题以后，可以分为52个共性问题，已全部办结。

（作者单位：湖南省长沙市芙蓉区东湖街道龙马社区）

长沙市车站北路社区“三四五”工作法

张　云

车站北路社区成立于2001年5月，地处火车站商圈繁华地带，东至湘湖路，西至车站北路，南至远大路，北至同丰街，占地0.3平方千米，是一个集单位、楼宇、小区市场为一体的混合型社区，常住人口5138人、流动人口3670余人。近年来，社区党总支、社区居民委员会以“三四五”工作法作为根本导向，使社区全面建设跃上新台阶。先后荣获全国科普示范社区、全国综合减灾示范社区、省级民主法治示范社区、长沙市创新型社区、长沙市和谐示范社区、长沙市提质提档示范社区等荣誉称号。由于社区老旧小区、农安小区多，道路路面坑洼不平、车辆乱停乱放、绿化带灌木丛生等问题比较严重，各单位均有单独的围墙、门卫，平常联系不多，社区治理难度很大。社区以居民群众需求为抓手，以党组织为核心，通过多元化治理方式，引导各种群体广泛参与，以“三四五”工作法为机制，即立足“三化”夯实党建工作基础，推进“四联”创新管理工作方法，力争“五促进”创新“五彩”家园，最终形成共建、共治、共享的社会治理格局。

一、立足“三化”，夯实党建工作基础

（一）组织建设网格化

着力构建“组织全覆盖、服务全方位、管理全景化”的社区党建格局，依托网格化推进党员管理和服务精细化，引导党员在网格内分片负责、服务包干、协管分担，使“党员管理进网格、党员服务到网格、党员先锋在网格”，将“大社

区”细分成“小网格”，将党小组建立在网格上，在网格内实现了党组织全覆盖。

（二）共建体系区域化

突出以党建为核心的共建模式，打造与时俱进的区域化党建载体，以区域共建、服务群众为宗旨，以构建区域化党建协作联盟为目标，统筹驻区单位资源，联合辖区5个非公党组织，实现党建资源和社会资源的集约利用和良性互动，进一步畅通各种组织和各类群体之间的诉求表达和协商互动渠道。

（三）服务方式社会化

采取“孵化式”“组建式”“吸纳式”三种方式，大力培育社会组织，在社区建立新社会组织培育室，制定了社会组织“孵化申请、初期测评、实施孵化、中期评估、孵化终结”的“五步孵化”流程。目前社区已成功培育出社区商会、湘湖里艺术协会等12家社会组织。

二、推进“四联”，创新管理工作方法

（一）管理治理联网互通

为完善形成科学严密的组织体系，我们按照“重心下移、服务前移”的新思路，根据社区的地域及居民自然分布现状，本着巷道清晰、资源配置合理，通过“八进网格”工作法，把社区工作者、党支部书记、楼栋长、城管协管员、社区民警、专业社工、环保员、安全员等八类工作人员全部纳入网格，形成以网格管理员队伍为主体，其他志愿者服务团队为补充的社会协同、公众参与管理新格局。

（二）党群和谐联心互助

为社区在职党员制作“党员承诺卡”，向群众发放“服务承诺卡”，公布党员联系方式，方便群众直接联系，接受群众监督。引导居住在辖区的党员“进社区登记、为群众办实事”，建立了党员联系户制度，按照“就近就便、以点带面”的原则，联合芙蓉区法院，组织72名党员与1080名群众结成了联系对象，2019年共收集群众意见建议59条，落实解决实际问题51条，其余8条由上级部门努力正在逐步解决，使党群关系不断融洽。

（三）自治服务联合共商

每月召开居民议事会，听取社区居民意见建议，建立健全社区民情恳谈会、居民议事会、业主委员联席会等协商议事制度，社区运用共商共治共享长效机制，先后召开了民情恳谈会、联席会议 10 多次，切实解决了社区内事关群众利益的热点难点问题。

（四）区域共建联合共治

按照"组织联建、活动联办、党员联管、资源联用"的原则，引导辖区 30 多家企业，率先成立了芙蓉区第一家社区商会。社区商会与辖区 260 多家商户签订了《文明诚信经营协议》，引导门店组建门前"三包"自治组，动员门店参与"星级门店"评比，开创了门前"三包"自治、常态长效管理的城市管理新路子。

三、力争五促进，创新"五彩"家园

（一）唱响主旋律，打造"红色家园"

在上级的重视下，收回商业门面改造为社区公共服务中心，面积达 900 多平方米，实现社区标识、外墙装饰、机构门牌、服务窗口、宣传栏目"五统一"，使社区硬件设施也迈上新的台阶。在社区室外周边，建设有"一墙、一园、二长廊"——红色历史文化墙、红色历史文化主题公园和车湘街学习长廊、《长沙市文明行为促进条例》动漫展示长廊。

社区设立了以全国劳模裴翠英命名的裴翠英工作室，现有骨干成员 55 人。每月 5 日定为工作室"学雷锋义工服务日"，免费为社区居民提供理发、磨刀、缝纫、维修小家电等志愿服务。原市委书记易炼红、省老科协执行会长唐之享等领导先后对裴翠英工作室进行慰问指导，对她带领志愿者积极参与社区建设服务社区大众给予了充分的肯定。在典型带领下，越来越多的居民加入到社区志愿者行列中。社区及时分类组建了 5 支志愿者服务队伍，开展扶贫帮困、扶老助残、爱心助学等义工活动，让群众感受到志愿者就在身边，享受到"红色家园"的温暖。

（二）自治规范化，打造“绿色家园”

社区通过制定和落实《居民公约》《社区自治章程》等规章制度，以居民代表大会、协商议事会的形式，听取居民对社区建设的意见及建议。通过居民代表提议，社区争取上级投资6000多万元对建材二区、乐嘉花园、华信、边防等老旧农安小区提质改造，并增设花坛、休闲场所、科普文化休闲公园等设施，让居民在健身锻炼、休闲娱乐的过程中感受绿色、汲取知识、陶冶情操、享受自然带来的乐趣。

在居民议事会的商议下，社区制订了《居民小区垃圾分类实施方案》，将垃圾分类的推进工作作为创建文明小区、提高服务能级、提升小区品质的一项利国利民的重要工作。组建由党员、楼栋长、居民代表等组成的志愿者队伍，起到全员参与的效果。通过上门入户、宣传栏等一系列、全方位的、多形式的方法进行宣传，提高了居民对垃圾分类推进工作的“知晓率”和从源头分类的“参与率”。

（三）促进“传帮带”，打造“金色家园”

社区培育的“爱心动车”，从场地资金支持，到经验技能传授，为残疾居民提供全方位的创业服务。乘上“动车”的残疾居民不仅可免费获得创业场地、申请扶持资金，更有社区内成功企业家与其进行“一帮一”结对，经验技巧不吝传授。截至目前，爱心动车已“孵化”出10余名残疾小老板，真正成为一趟开往“创业春天”的和谐动车。例如，社区商会会长曾亚斌帮扶无手臂大学生刘利成立了会计记账公司，并将自己公司的账目交给其打理。社区培育的“草根创业帮帮社”，首创“项目视频会”，由社区组织商会创业成功者组成导师团，为初次创业者提供志愿服务，传授开店流程和创业经验等，以创业带动就业，促进社区经济发展，为创业者打造创造财富、实现价值的“金色家园”。

（四）传播正能量，打造“紫色家园”

坚持文化引领，成立了全市第一家社区艺术馆——“湘湖里艺术空间”，投入25万元建设的智慧健康科普馆，用充满正能量的科普文化活动丰富社区居民的精神生活，打造有深度、有底蕴、有魅力的“紫色家园”。例如，社区先后举办的“我的中国梦”“抗战老英雄珍藏图片展”“传承红色文化，弘扬中国精神”“廉政文化建设”“防灾减灾——‘救’在你身边”等多期活动的开展，为居民在艺术、科普、文化领域的学习、创作、交流搭建了平台。

（五）干群心连心，打造“蓝色家园”

坚持党的群众路线，以“连心行动”为抓手，车站北路社区与芙蓉区法院、芙蓉区民政救助、慈善救助工作相结合，联合区人大代表、政协委员、商会，运用湘湖爱心基金和社区雷锋超市等搭建帮扶平台，例如，为9名困难群众申请到了爱心基金救助；为社区李丹娜等8位重度残疾人申请了重度残疾人护理补贴；为困难家庭送去慰问金及慰问物资等，通过开展了一系列形式多样的帮扶活动，让社区困难群体感受到更多的关爱，构建了和谐稳定的“蓝色家园”。

四、结语

加强社区长效管理，构建和谐社区是一项任重道远的长效艰巨的工作，必须坚持以居民迫切需要解决的实际问题入手，创新管理机制，充分调动各方参与，将社区建设成为管理有序、服务到位、环境优美、治安良好、人际关系和谐的新型社区。

（作者单位：湖南省长沙市芙蓉区车站北路社区）

乡村治理

以民主协商绘就乡村振兴的锦绣画卷

彭育晚

油溪桥村位于新化县吉庆镇东北部，辖6个村民小组228户868人，属石灰岩干旱地区，曾为深度贫困村，也是出了名的穷村、烂村。"有女莫嫁油溪桥，一年四季为呷愁"，这是当时最真实的写照。2007年以来，为了改变落后的面貌，新一届村支"两委"班子带领全村群众，发扬"锄头开路、锤子凿水、担土栽树"的自力更生、艰苦奋斗精神，不等不靠、开拓创新、艰苦创业，以民主协商绘就乡村振兴的锦绣画卷，实现了动能足、村容美、产业兴、村民富。全村村民人均纯收入从2007年的不足800元增加到2019年的两万余元，村级集体经济从负债4.5万元发展到2019年结余116万元。

油溪桥村先后荣获全国文明村、全国十大乡村振兴示范村、全国百强特色村庄、全国乡村治理示范村、湖南省美丽乡村建设示范村、湖南省AAAAA级乡村旅游区等40余项国家、省、市级荣誉称号。曾多次被《人民日报》《新华社内参》《改革内参》、央视一套《新闻联播》和湖南卫视等多家媒体专题报道。积分制管理模式被中央农业农村部作为湖南唯一的乡村治理典型案例向全国推广，并被评为"全国乡村治理十大典型案例"。其治村理念和发展模式被国务院、中组部、民政部等高度肯定和全面推广。同时，被省委、市委党校确立为教学教研基地。回顾13年来的艰辛历程，油溪桥村的主要做法是：

一、舞活基层党组织建设的"龙头",筑牢乡村振兴的战斗堡垒

推进乡村振兴,关键在党、关键在人。我们深知,要破解发展困局、实现乡村振兴,必须先从村支"两委"建起、从党员干部抓起,打造一支乡村振兴的"铁军"团队。

(一)以"1+2+3"模式选优配强班子,把队伍"建起来"

面对基层工作的困惑和压力,首先要提高个人对基层工作的认识和态度,把"奉献"当"感恩",把"任务"当"机遇",不断弥补个人工作能力和经验的不足。树立正确的得失观。同时坚持正确的选人用人导向,以"不为'我'所用,只为'工作'所用"的选人用人原则。采取公开承诺、公开竞选的方式推选村支"两委"成员。让参选者谈思路、表决心、许承诺,真正挑选出有担当、有责任感、为人正派、群众拥护的干部。与此同时,采取"选举+招聘+聘任"的形式,构建多形式、多途径、多层面选人用人机制,优化村级组织结构,夯实村级组织基础。现在的村支"两委"成员的平均年龄不到36岁,6人具有大专以上学历。

(二)树"个人作风",塑"队伍形象"

让党风民风"好起来"。要可全面持续发展,解决人的问题才是最根本问题。油溪桥村把党风民风建设作为推动各项工作的切入点和落脚点。首先,在"管不好自己怎么去管别人,管不好党员干部怎么去管村民群众"上达成共识,从"立人先立己"做起。对党员干部的言行举止、礼仪着装、生活纪律、出勤情况等方面提出了具体的要求,规定党员干部不准在公共场合穿睡衣、短裤、拖鞋等,对会议活动的参与情况,迟到、缺席、在会场随意走动和接听电话等不良现象制定了严格的考评办法,实现了细化、量化、规范化管理。为"党风带民风,党建带村建"打下了坚实的基础。

(三)丰富"党日活动",让学习活动"实起来"

为充分发挥党员干部作用,我们非常重视"党日活动"的开展。以"四谈一表"(即退休老人谈期望、成功人士谈励志、在校学生谈理想、优秀青年谈感想、积极分子表决心)来丰富"党日活动"向广度和深度开展,确保"不忘初心,

牢记使命”主题党日活动落到实处，真正通过党日活动达到了全体党员干部村民“聚心、聚智、聚力”。并且通过“三比三看”（比信念、比作风、比奉献，看谁服从意识强、看谁服务态度好、看谁业务素质精）来检验党日活动开展和服务群众生产建设的成效。引导村组干部坚持学用结合，在学中干、在干中学。13 年来，油溪桥村共开展了 320 多次党日活动，全村党员干部撰写了 1000 多万字的心得体会、工作笔记，并从学中找思路、找钥匙、找方法，业务素质和创新能力得到了明显提升，成为全村乡村振兴的“智囊团”。

（四）常怀“感恩”讲“奉献”，把信念“树起来”

在当前基层工作的压力越来越大、工资待遇相对较低的情况下，如果没有回报家乡的情怀，只计较个人的得失，是不能当好村干部的。正因为如此，从 2007 年组建新的班子开始，油溪桥村就督促每一位村组干部下定决心，“这里是生我养我的地方，我们有责任把她建设得更好”。针对过去开会要补助、办事要工资的现象，油溪桥村多次召开以“一个村的发展、一个家庭的致富”为专题的讨论会，讲好钓鱼者与修塘者的故事，引导大家正确处理当前与长远、小家与大家、直接与间接的利益关系。据统计，13 年来，油溪桥村累计召开各类民主协商会议 1600 多次，节省会议开支 80 余万元。从中我们深刻认识到：只有不跟别人比眼前待遇和利益，发展才有希望。我们放弃的是个人小的利益，换来的却是村里不断积累的物质财富和精神财富！正是因为有了这种取舍情怀的树立，责任担当意识的转变，让党员干部更有责任感，让村民群众更有主人意识，才形成了今天这么强大的凝聚力、战斗力和生产力。

（五）廉洁勤政争先进，把榜样“立起来”

通过推行党员干部连片包户责任制，全村党员主动为村民群众排忧解难，真正“使每名党员都成为一面鲜红的旗帜”。创造性地制定了“定岗、定项、定点、定责”的“四定”责任制，对党员干部履职担当进行“月度、季度、年中、年终”四项考评，并与工资绩效挂钩。建立党员廉洁勤政档案，设置党员公益事业和捐款筹工公示栏，推行积分制考评管理，把党员干部在发展建设中的贡献详细记录下来，让党员干部干有平台、干有监督、干有激励。为保证市委提出的“有事请找我”的责任担当机制落到实处，我们要求每一个党员干部必须“戴袖上岗亮身份、发展致富当能手、学习生活贴群众、入党必须挑重担”，每人要搞一项种植养殖业，要带头学产业技术并负责“传帮带”，每年要比群众多筹工10天以上。13年来，全村党员干部累计义务筹工8200多个，带动全体村民累计义务筹工7.8万多个，充分发挥了基层组织和党员干部的先锋模范带头作用，营造了一个风清气正的发展环境，增强了党员干部“以村为家、爱我家乡”情结。2016年，油溪桥村被确定为娄底市党员干部教育实践基地和村干部培训基地。

二、扭住村民自治这个“关键”，凝聚乡村振兴的强大合力

一个村的发展，村民群众是主力。如果只有党员干部干，群众站在边上看，那肯定是无法成功的。因此，我们注重从创新管理入手，从改变村民的观念入手，探索出了村民自治“四步走”工作法。第一步，制定村规民约；第二步，建立户主档案袋；第三步，推行积分制管理；第四步，实行公章的阳光化管理。通过这些举措，充分调动了村民参与村务管理的积极性，实现由“替民做主”向“由民作主”的转变，最大限度地赢得村民的认可与支持，真正管出了战斗力、生产力，管出了好村风、好民风。

（一）推行民主管理，让村民“自治”

对村里的大小事情，都坚持大伙商量着办，始终坚持走民主协商治村之路。我们每年都要雷打不动地召开“四个会议”，即“年初群众动员会”“新老经验交流会”“困难群体交心会”和“年终总结表彰会”。广泛听取村民意见、集中村民智慧。对于村里的公章，我们实行阳光化管理。公章的使用分别由审批、监督、登记三人负责，村民代表监督，增强了村级组织的公信力和威信。此外，我们还有意识地培育村民自治组织，提升村民自治水平。比如在村里成立了“用水者协会”，构建了一个“全民护水”“协会管水”“统筹调水”的运行管理模式。村里的“用水者协会”还被评为“全国用水者模范协会”。

（二）制定村规民约，让村民“自管”

在工作实践中，我们深刻地认识到：油溪桥村过去有铺张浪费、大操大办、相互攀比的旧习气，村民每年因此浪费大量钱财，但又“碍于面子”，“不得不搞”,加剧了致贫。为此,我们率先提出“节约就是发展,文明乡风就是生产力”的口号,引导群众树立“节约就是发展”的理念,坚持走“节约型”乡村振兴之路。我们紧紧围绕“勤俭节约、环境整治、生态保护、文明创建”四个方面的重要内容,让村民“既当村规民约的制定者,又当村规民约的执行者”的方式主动参与建章立制。按照“搜集群众建议—广泛征求意见—统一村民思想—召开村民大会—村民签字表决—试用一年实行”的“六步”修订法,先后7次修订村规民约,把禁燃、禁塑、禁止滥伐森林、禁用捕鱼器、家禽圈养、垃圾分类,取缔麻将馆、六合彩,宴席从简、移风易俗等写进村规民约,号召村民共同遵守。并根据村民对《村规民约》的执行情况,评选出“星级文明户”“先进院组”和全村“十好”模范等。据统计,全村每年在禁赌、禁燃、宴席从简等方面节约开支就高达530多万元。在推进《村规民约》的落实过程中,村组干部带头垂范,“润物细无声”地影响、带动每一位村民。正是通过这种不懈的努力,《村规民约》更加深入了人心,真正成为我们治村管村的法宝。全村完全杜绝了偷盗、打牌赌博、非法上访等不良现象。2017年油溪桥村进入了全国文明村的行列。在环境治理方面,实行了村民包庭前卫生清扫、包绿化管护、包美化建设、包设施维护、包污水净化“五包”制。在保护环境方面,村组干部从带头捡烟头、拾垃圾、扫落叶做起,做到了全村卫生维护“零投入”,实现“人人都是保洁员、个个都是志愿者”,推动村庄环境、卫生、保洁“常态化”。现在全村又推行了“禁烟”,我们采取了“四步走”,首先村干部带头、其次党员、村民代表,最后到全体村民群众。又如在生态保护中,我们牢固树立和自觉践行了“绿水青山就是金山银山”的理念,坚定地走绿色发展道路。13年来,我们把“不砍一棵树”作为一条硬规矩在村里立起来,只种树、不砍树,大力植树造林、封山育林,并明确规定村民每人每年植树造林不得少于100棵,村组干部每人每年义务植树不得少于500棵。经过全村努力,荒山开发率达100%,森林覆盖率达92.8%。在绿化基础上,全村在各游道两旁,栽种花卉,使村容更加赏心悦目。

(三)推行“积分制”管理,让村民“自觉”

在油溪桥村,村里每家每户都有一个特殊的“身份证”——户主文明档案。近年来,我们以“户主档案”为基础,创造性推出了“积分制”新型管理模式,制定出台了《积分制管理细则》,全面量化出工出力、责任义务、产业经营、诚实守信、家庭美德等村民生产生活各类表现,设立奖励量化指标35项、处罚量化指标41项,逐人逐户实行积分动态管理。实行“一事一记录、一月一公开、半年一评比、一年一考核”,坚持考核到岗、量分到户、打分到人,积分高低与产业收益挂钩、与干部绩效挂钩、与评优推选挂钩、与物质奖励挂钩,汇聚起全村上下争相比筹劳、比产业、比贡献、比担当的蓬勃活力,激活了乡村振兴“一池春水”,真正实现村庄治理从“粗放”到“精细”、从“被动”到“自愿”的转变,实现了全村公益用地零征收、零矛盾,建设项目劳动力自筹。2018年,“积分制管理”经验入选“全国首批乡村治理典型案例”并向全国推广。

三、抓好产业发展的这个根本,强化乡村振兴的支撑保障

面对人均不足5分田、资源分散、资金技术缺乏、产业难以形成规模的现状,我们坚持以村民共同富裕为目标,从优化产业发展方向、路子、模式、举措入手;采取短、中、长期产业规划相结合,一、二、三产业相融合,小农户经济、村集体经济、股份制经济相结合的“三乘三”模式,实现了全村产业开发整体有序推进、全体村民共享发展成果。

(一)科学规划,打造特色产业

油溪桥村山多地少,资源贫瘠,但是生态环境保护得好,森林覆盖率达到92.8%。我们因地制宜,制订了“三年转弯子,六年打基础,九年见成效”三步走计划,走发展乡村旅游经济为主、旅游配套产业为辅的产业发展新路子。通过做好村级发展十年规划,科学规划产业分区,把原晨光村作为生态产业区,原油溪桥村作为休闲度假区,综合两村山水、生态、农业、民俗等产业元素,推动乡村一、二、三产业、休闲农业与乡村旅游深度融合。我们利用过境的油溪河搞起了峡谷漂流,着力打造峡谷漂流、观光休闲农业、生态农庄,修建村文化长廊、清代石拱桥、杨洪岩古风雨桥等历史文化景观,在全省首个整村创建国家级3A级景区,年接待游客12.5万人次,综合收入1225万元。打造休闲度假观光园,开发休闲垂钓、稻田摸鱼、中耕锄草、酿制果酒等10余个

农事体验项目。依托本地特有的气候土壤特性，推动“一村多品”“一户一特”“一户多业”，探索发展田鱼养殖、甲鱼养殖、小籽花生、错季经果林、牛羊养殖等特色农业，建成农业产业基地13处3300余亩，其中甲鱼养殖和稻田养鱼基地560亩、经果林2800余亩，已形成10多种注册“油溪桥”商标的农产品，年销售收入265万元。

（二）创新模式，降低产业发展风险

通过发挥“集体所有制”与“联产承包责任制”的优势，采取“村委＋公司＋合作社＝农户”的形式进行整体开发，以村委提供水、电、路等基础建设保障，公司提供资金和销售保障，合作社负责规划、技术指导、肥料器具的代购服务等，全方位为全村种养农户提供保障服务，做到“为农解困不出村”。在土地没有进行流转的情况下实现了全体村民产业的共同发展，成功破解了“三农”发展瓶颈。创造了“一传二帮三带”“免费提供种苗”和“错季分期保收益付款”等产业发展模式，确保产业开发“抱团”发展，降低了技术风险、市场风险。针对村民担心产业风险的问题，我们不断完善干部“一传二帮三带”的传帮带机制（“一传”，即传产业技术；“二帮”，帮产业发展，帮管护销售；“三带”，党员带，能人带，模范带），采取村委统一组织开发、公司统一收购销售、合作社统一规划管护、技术人员统一培训指导、农民统一参与行动“五统一”模式，成功地实现“家家户户有产业”的目标。例如针对水产业发展，我们通过推行“稻田养鱼低成本”“甲鱼养殖零风险”等模式，在进一步完善好水利设施，免费供应种苗，实现村民产业发展“零成本、零风险、全收益”。对于经果林开发，采取了“错季、分期、保收益付款”模式，实行错季节规划、多样化、差异性地打造四季花果，并对从种苗公司购买的苗木，公司必须负责后期技术指导，第一年付款20%，第二年付款30%，结果并产生利润后付款50%，把种苗公司的利益与我村产业发展的效益紧密相连，确保种苗公司售后技术指导服务到位，规避了技术风险、市场风险。

（三）共建共享，激发村民发展产业动力

按照共同参与、市场运作、统一管理的方针，对村集体产业以土地入股、劳动力入股和资金入股的形式，做到村民家家户户都享有入股的条件，并采取产权和经营权分开的形式建立发展共享模式,鼓励、引导、支持村民采取投资投劳、以土地与山林入股等方式,参股村里的旅游发展公司、生态农庄等产业项目,让村民共享发展红利。通过这种模式,既盘活了“四荒地”、林地等资源,又极大激发了村民参与集体产业发展的动力,最终使“村民成员工、农户变股东”,也真正把我们村创建成为乡村产业发展“四不要”的典型:即不要发工资的员工、不要花本钱的苗种、不要花租金的基地、不要愁销路的产品。村级管理和建设模式,也在湖南省委农村工作会议上作典型推广。

四、发扬“自力更生”精神,激发乡村振兴澎湃动能

油溪桥村的巨变不是从天上掉下来的,是在党和政府的领导下,村组干部带领全村干部群众一步一个脚印干出来的,是发扬“锄头开路、锤子凿水、担土栽树”的自力更生、艰苦奋斗精神,用坚定的决心、韧劲和毅力奋斗出来的。

(一)发扬自力更生、艰苦奋斗的精神

油溪桥人的字典里没有“等靠要”。“不向领导提要求,不给组织添麻烦”“凡是能在本村解决的,绝不请外人帮忙;凡是能用劳力解决的,绝不多花冤枉钱”,这是每一位村支“两委”班子成员、每一名党员干部挂在嘴边的话。也是13年来在乡村建设中,我们始终坚持的“就地取材、变废为宝”的建设理念。在上级仅能支持一套18万元提水设备、全村仅能筹到60万元建设经费的情况下,我们硬是在陡峭的石头山上挖沟埋管,花费了整整一年多的时间,安装了长达13千米输水管道,建成了配套水渠8千米,完成了预算投资需要300多万元的饮灌一体工程,将山泉水送到了田间地头和每一个农户家中。为搞好经果林开发,全村男女老少一担担挑土上山,一捧一捧往石头缝里填土,硬是把荒山变成了“金”果园。为修建22千米游步道,除了水泥、钢筋需要花钱买外,其他的碎石、沙子都是村民从油溪河里用肩膀一担一担挑上去的;就是大理石也是从大理石厂“捡”回来的边角废料;拆迁危房的破旧木材也被用作了花池围栏;全村仅花了6万元的苗木费就换来了现在用1000万元都难以达到的绿化效果。也正是因为全体党员干部、村民发扬了“红旗渠”

"挑山工"精神,开山劈石、垒坝修田,逢山开路、遇水架桥,13 年来,我们创造了一个又一个乡村奇迹。2017 年实现了以 403 万元的财政投入创造评估资产上亿元。其经验和做法被省委党校选入乡村振兴的专题课研并在全省农村工作大会作典型经验介绍,并得到了省委乌兰副书记的高度评价。

(二)筑牢改革创新的意识、坚守攻坚克难的精神

回顾油溪桥的发展历程,从"基础建设"到"产业发展",从"组织建设"到"群众工作",从"村规民约的修订"到"积分制管理的实行",从"环境卫生的治理"到"自然生态的保护",从"实业管理机制的设计"到"利益联结机制的执行",没有哪一项不是突破常规、大胆创新的结果;没有哪一项不是不惧困苦、攻坚克难的写实。我们通过创新激励考核方式,创新了基层党员干部的管理模式;推行"六步工作法",破解了如何调动群众积极主动参与村级事务的难题;修订村规民约,改变了慵、懒、乱、脏、愚、赌以及攀比浪费等歪风陋习;实行积分制管理,突破了乡村发展人力、资源、资金的发展"瓶颈",等等。可以说,如果没有坚定的改革创新的意识,攻坚克难、砥砺奋进,就不可能有油溪桥的今天。

(三)遵从循序渐进,坚持脚踏实地

我们在推动发展的过程中,不好高骛远,更不急于求成。如何发展、先做什么、后做什么,都有一个求真务实的态度、有一条清晰发展的思路,并且循序渐进,脚踏实地地一个一个去实现。修订村规民约、推动乡风文明,不是村支"两委"少数几个人说了算,而是挨家挨户做工作,让大家提建议,让人人都接受,始终把民主协商贯穿于各项制度、乡规民约的制定和执行之中;抓环境建设,是从保护每棵树、呵护每株花做起,从拾烟头、捡垃圾开始;发展产业,不是选择最时髦的,而是选择最合适的;注意短、中、长结合,稳打稳扎,先从风险最低、见效最快的着手,再逐步转产升级、多元并举、滚动发展。持之以恒,驰而不息。

13 年来,油溪桥村"以党风带民风""以党建带村建"来统揽工作全局,以"民主协商"来推动"村民自治",坚持"节约"就是"发展","文明乡风"就是"生产力"的治村理念,不断引导村民群众增强自尊、自信、自立、自强的信念、

主人翁意识和获得感;坚持走“共商、共建、共享、共富”的发展之路。

“有女莫嫁油溪桥,干死蛤蟆累死牛”的历史已经结束,“山清水秀人人夸,民富和谐乐开花”的新油溪桥已然形成。百尺竿头更进一步,中流击水正当其时。我们将认真贯彻落实本次会议精神,按照乡村振兴“二十字”总要求,撸起袖子加油干、挑起箩筐往前赶,为加快新化县“绿色崛起、科学跨越”进程,为建设富饶、美丽、健康、祥和新娄底作出新的更大贡献。

(作者单位:湖南省娄底市新化县油溪桥村)

社区故事

生命前行的力量

——一个草根志愿者的成长故事

赵　玲

从我大学时期作为志愿者参与中国的新乡村建设事业，到毕业后投入社会发展领域的公益组织工作已近20年了。尤其是2004年参与到“全球千名妇女争评2005年诺贝尔和平奖”提名的草根志愿活动，到后来做全球和平妇女中国办公室总干事，发起“百万和平妇女故事”计划，一直在搜集、整理草根阶层的女性故事，并为她们搭建交流互助的社会支持网络，参与和支持她们所从事的公益事业。那些平凡而坚韧的妇女姐妹们，还有和她们一起并肩前行的父老乡亲们，质朴有活力的乡村孩子们，给予了我极大的工作热情和生命力量！虽然，基层的女性通常都很谦虚，觉得自己很平凡，所做的不过是寻常小事。然而，著名“三农”专家温铁军老师曾多次说到，做乡村建设的工作只是以“平常心”，做“平常事”。每一个人的故事都是历史的组成部分，我们千千万万平凡人所做的“平常事”正在开创新的历史！

15年前，当我作为支农大学生的代表被提名到争评诺贝尔和平奖的千名妇女之一时，我开始切实地感受到自己正在参与当代社会历史的书写。而广袤的乡土中国大地正召唤着无数个平凡如我的人，脚踏实地去开创这个时代并不显赫一时的社会公益事业。今天，由知识分子、大学生志愿者联合基层农民组织共同发起的新乡村建设运动，已唤起了整个社会的“乡愁”，形成了“乡村振兴”的一股中坚力量。“全球千名妇女争评2005年诺贝尔和平奖”以及“百万和平妇女故事”计划，使世界范围内不同领域、不同阶层的妇女联合发声成为可能。

我一直记得,2004 年北师大"农民之子——中国农村发展促进会"成立 5 周年时,钱理群老师告诫年轻人做事需要"沉潜十年"。我自己能坚持走上这条理想的道路,正是因为被那些平凡而坚韧的生命所触动;我在成长的迷思和现实的挫败中能沉潜前行,正是受益于与同行师友、与和平妇女们的人生对话中所获得的"平常心"的力量——我和他们的生命已经紧密地联系在一起了。所以,当我今天再来分享自己平凡的故事和行动反思时,我也期待着更多人来一起分享创造我们这个时代的不同人的故事。

支农年代——理想的启蒙

20 世纪 90 年代,正是中国城乡差距、东西部差距急剧拉大之时。1996 年,温铁军老师正式提出中国的"三农"问题,2000 年时任湖北省监利县棋盘乡党委书记的李昌平给时任总理朱镕基写信提出"农民真苦,农村真穷,农业真危险"。然而,生于 1980 年,长在重庆城里的我,从未对现实的社会问题有过接触,我的成长是与农村完全脱节的。我小时候偶尔去一趟农村亲戚家,还曾因害怕鞋上沾多了泥巴而不敢下地。1999 年秋天,我离开老家到上海的华东师大历史系学习,第一次亲身感受到地域的差距和歧视,也体会到城市的浮躁与冷漠。我像很多同龄人一样参加不同的社会活动、校园大赛去证明自己的能力,去尝试小资的生活品位,但这些虚华的东西却不能让我的内心踏实。第二年,我开始从历史专业学习中找到内心向往的东西——五四时期的"自由""民主"重新启蒙了我。五四知识分子的精神价值与他们在历史实践中的艰难也初步塑造了我的社会理想。但是,现实的校园生活中却几乎没有可以实践这种社会理想的机会。

2001 年暑假,我和几位同学到苏南农村作口述史调查,第一次接触到社会底层的小商贩、农民工、租地农民、失学儿童、街头乞丐各色人等,感受到真实的人生百态。最触动我的就是在茅草瓜棚里住着的失学姐妹一家四口,那个大眼睛的 15 岁女孩如"芦柴棒"一样的身形,她那单纯的梦想和贫困的现实条件让我惊醒——惊醒于自己 20 年来都生长在温室里,惭愧于自己对真实的社会、底层的苦难是如此无知。我感到城市里的孩子如果永远都不接触脚下这片土地，如果只是一心想与国际接轨，而最后却与国内脱轨的话，这是很可怕的一件事。我开始走出个人苦闷的“小时代”，发现和思考真实的社会问题。我不断告诉自己要行动起来，为那个大眼睛女孩做些什么，为农村做些什么。

那年秋天我到北师大交流学习一学期，偶然得知1999年北师大就有一些研究生和本科生通过调研打工子弟发起了“农民之子——中国农村发展促进会”这个社团。他们3年来一直不断去各地乡村和城市边缘调研支教，为社会的公平正义而奔走。我才知道现实中真有一群当代的五四青年走着一条不同的道路——我终于找到了志同道合的同志！2002年交流结束，我带着农民之子的精神鼓舞返回上海，开始组织同学们去山东农村考察、去城市边缘观察，并为外来工的孩子们补课。2003年初，我找到了上海几所高校关注农村的同学，共同到北师大参加中国改革杂志社主办的首届全国大学生支农调研培训。

原来除了北师大农民之子以外，2001年刘湘波（刘老石）老师带领天津科技大学的学生成立了“新希望”农村发展促进会，北京和天津的支农支教志愿者日渐增多。2002年，在温铁军、李昌平、刘老石的倡导和组织下大学生支农调研行动已从京津逐渐发展到全国。2003年初的7天培训交流，让我真正找到了思想和行动的方向，找到了来自全国各地亲如一家的师友同道。培训后，我们20多位不同高校的志愿者组成大学生支农队跟随刘老石去河北农村调研，并且在20世纪晏阳初开创平民教育实验的翟城村过年——这也是我第一次在农村过年。除夕夜，没有大鱼大肉，但我们自己包的饺子比什么都香。邱建生老师诗性大发，随口吟出一副对联“平民教育诚可嘉，乡村建设慨而慷”，横批“继往开来”。大家直接把红纸贴墙上，让我拿了毛笔踩在凳子上把这副对联写了上去。刘老石还专门拿出一瓶茅台，让我们每个人都喝了一小杯，当然每人还必须酒后吐真言。大年初一，我们在村委大队部组织联欢会慰问村民，没想到一下子来了几千人。我虽然从来没有组织过文艺节目，却带领村里的小朋友们第一个上台表演《健康歌》，真是被父老乡亲和孩子们的热情融化了。之后我们去武邑县调研地方政府乱收税费的问题，分两队去两个不同的镇，我和肖青分别做两个队的队长。没有农村生活经验的我要去调研这么重大的问题，心里一点底都没有。幸好我们队有刘老石在，他的微笑和肯定的目光让我鼓起了勇气。当我们在村里访谈到一位受腐败官员欺凌的妇女，听她讲述自己的遭遇和抗争的经历后，我从心里开始强烈地萌发出要为受压迫最深的农村妇女做些事的想法。后来我们从不同村民中搜集到各种证据，拿去和腐败的镇政府官员谈判。我们跟着刘老石学会了如何有礼有节、有理有据地去质问官员，让那些理亏的官员哑口无言。调研快结束时，刘老石感冒发烧头很疼，他乐呵呵地把围巾包在头上打个结，塑造了一个经典的喜剧造型，带着我们回北京总结工作……刘老石的忘我奋斗、睿智幽默，以及与普通农民、学生打成一片的场景，直到他去世 4 年后的今天，我依然历历在目。

那年春天开学后，我在华东师大找到了一批关注农村的年轻人，恢复了成立于 1993 年却中途停办的“乡土建设学社”。同时，我还每月到北京参加温铁军和刘健芝等老师组织的“乡村建设骨干研修班”。那年暑假，我本科毕业保送了北师大研究生，就直接带着行李投奔中国改革杂志社的大学生支农调研部，跟刘老石带领的支农队去安徽阜阳南唐村。

作为首批农村税费改革试点，2000 年阜阳就取消了“三提五统”，实行“一税制”，但是好的中央政策在具体村庄并未很好落实。2001 年，法律专业的大学生杨云标回到南唐村，带领附近村民成立了自己的法律维权协会，积极学习中央政策法规，与地方腐败官员作斗争。2003 年，我们大学生支农队来到南唐了解当地情况并和村民骨干商量，准备协助村民建立起农民文艺演出队和老年人协会，首先要把他们从上访维权的痛苦中解脱出来，才能积极快乐地建设家乡。那些日子里，我们清晨跟村民一起下地除草，白天走家串户访谈，还组织村里老人唱歌、扭秧歌，一天天看着他们紧锁的眉头渐渐打开，换上发自内心的笑容。而我自己最大的收获则是认了一位安徽的妈妈王殿敏。

王妈妈住在离南唐村十里以外的王老村，正直善良的她头些年就带领村民参与组建维权协会。大学生到南唐后，她每天组织本村骨干一大早就带着吹拉弹唱的乐器赶到南唐村参加各种活动。为了记住大学生教的歌曲《三个代表好》，她把歌词抄回家背了整整一个晚上，第二天还结合歌曲教我们扭秧歌。后来我们去她家走访，才知道她丈夫去世很早，自己独自拉扯大了3个儿子，还要种地和照顾老人，非常不容易。她拉着我的手告诉我，她特别希望有一个我这样的女儿。当时我的心里暖暖的，特别感动，我说："那我就做您的女儿吧，您就是我的安徽妈妈了！"王妈妈特别不好意思地说："你是大学生啊，我是普通的农民，那怎么好呀？"我说："有什么不好呢？我还有很多要跟您学的，您就是我的安徽妈妈了。"我和王妈妈都高兴得紧紧地握住了双手……后来的几年，在各地大学生的协助下王妈妈带领本村村民成立了文艺队、老人协会、合作社，还发动村民一起出工修了路，也当选了"全球千名妇女争评2005年诺贝尔和平奖"的被提名人之一。后来，我几乎每年都去她的村里看看或邀请她外出参与学习和交流，我们俩不管谁遇到困难都会互相倾诉和鼓励，遇到高兴的事也会一起分享喜悦。10多年过去了，王妈妈和王老村的骨干们从五六十岁走到了六七十岁，还有八九十岁的老人一直坚持参与他们组织的每月3次活动。就是这些被看作"困难群体"的乡村妇女和老人们在有限的资源条件下，十年如一日的坚持，带来了村庄面貌和风气的改变，连外出打工的人也带钱回家入股合作社。

社会磨砺——挫败中沉潜

2003年暑假的安徽支农以后，我已经认准了自己未来的人生方向。当我到北师大读研后，就完全融入到农民之子和乡村建设的各种实践之中，开始朝向自己心灵的家园前行。2004年，我参与组织了第二届全国大学生支农调研培训、"乡村建设高校行""单车骑行万里千村""龙门杯"北京首届打工子弟作文竞赛……我们的志愿者队伍迅速壮大起来。2005年，各高校支农社团开始在农村宣传合作社的理念，并协助一些村庄建立了合作社。同时，我和许多大学生参与到"全球千名妇女争评2005年诺贝尔和平奖"志愿工作，积极推选出一些投身乡村建设的普通农村妇女，并去访谈和书写了很多被提名妇女的故事。然而，当年轻的我满怀美好的理想到去实践时，也开始遭遇到质疑和批评。

因为在校大学生去农村支农调研，一般待的时间不长就推动建立合作社，志愿者们也很难长期跟进合作社发展；当合作社内部力量还没成长起来，又缺乏外界支持时，不少合作社中途夭折，对农民的积极性有一定打击。一些农民和在地方上开展农村工作的公益机构对我们颇有微词。我们开始反思，认为这是一个很严重的问题，在乡村发动农民组织时要非常谨慎，更需要深入持久地调研并注意去发现农民们真正的需求。同时，由于我们志愿者推举提名诺贝尔和平奖的妇女们都是来自社会最底层，从事着平凡的农村事业，社会主流并不认为她们应该提名国际大奖。包括千名被提名者之一的高耀洁女士看到中国的提名妇女名单时，就不能接受与这些底层妇女并列齐名，公开声明要退出并且对整个活动发出质疑。由此，"打假斗士"方舟子也发表了一系列的质疑文章，引起一片哗然。我原本认为同为半边天的妇女群体应该是可以更好地团结，却忽视了妇女内部也是分阶层的，也有职业身份的差异！可见，整个社会主流对底层妇女为日常生活的和谐与和平所作的贡献是多么的无视。我也下定决心，一毕业就要去农村社区长期做妇女工作。

2006 年，刚毕业的我和 2005 年从北师大毕业并在从事草根公益工作的另外 4 位老农民之子，带着"抱成一团打天下"的豪情，联合中华女子学院的老师和满腔热诚的女孩露露，搭建起"支持草根组织大学毕业生志愿者项目"平台。我和露露在这个项目支持下去河南农村做一年的妇女社区工作，同时我又参加了北京大学和香港理工大学合办的在职的社会工作硕士课程学习。我原本是希望一边学习社会工作的理论方法，一边在农村实践中去运用。然而，正因为我带了太多的所谓的"理论""方法"和大学支农的"经验"，我很急切地想要帮助妇女们、老人们组织起来，却没有能够沉下心来融入到村民们日常的生活中，没有走进妇女们的内心世界里。相反，跟我一起去村庄的露露没读那么多书，也没那么多束缚，她和村里的大妈大姐们一起做饭、绣花、干农活、拉家常，打成一片——她更清楚村民们并不是那么迫切地需要所谓的“组织”。当时的我，被妇女解放的“理想”和“使命”驱使，认为我们到农村不是去“生活”的，而是去开展“社会工作”的。而西方专业化的社会工作理论和方法是不能直接照搬到乡土中国的大地上。其实，我没想到最需要“解放”的是被精英意识潜移默化的自己！多年后，我才厘清那一年挫败的教训。感谢露露和乡亲们的包容和温暖，让我从宏大理想的迷梦中惊醒——我不是什么振臂一呼的英雄，我还需要沉潜到普通人的生活中去，需要不断修炼自己的“平常心”。

2007 年，挫败的我开始怀疑自己是否真的适合做妇女工作。我退回到熟悉的北京农民之子文化发展中心（由北师大“农民之子”社团毕业的老会员们发起的公益机构），开始做打工子弟自然教育和教师项目。我尽量以柔和谦卑的心态，跟打工子弟孩子们学做饭，跟他们一起玩儿，听家长们对孩子的唠叨，陪老师们散步谈心……我从社区里普通人身上学到了很多。当我和老师、孩子、志愿者们来到密云的大山中，我们都成了大自然的孩子。虽然我也会带领一些活动，但我最受益的是学习种地、堆肥、盖房子、做木工、徒步野营等。我的身体在大自然中舒展，心灵也得到了彻底的解放。我不再执着于所谓的成功或失败、得与失，不再那么在意别人的希望与评价；我也不再把理想挂在嘴边，不急于与人争辩。

2008 年，我到香港学习和实习了近 4 个月，我最大的收获是与不同机构从事实践工作的前辈和师友们的生命对话和交流。他们每个人都毫无保留地把自己的经验教训和反思分享给我，让我真实地感受到生命影响生命的力量。我感到自己的所谓“挫败”其实不值一提，真正的实践道路才刚刚开始。从香港回来后不久“5·12”汶川地震发生，我去绵竹灾区参与了一些志愿工作，看到了那些顽强活下来的生命的力量。我自己一直在反思我到底是谁——我的身份角色是什么？我内心真正想要去向何方？我曾经想要深入农村做一个农村妇女，又想要做一个能从本土社会工作中提升出一些经验和中观理论的知识分子，后来发现这两者对于我来说都做不到。离开大学生支农时代的光环，我不过是一个普通的打工者，或者还是一个成长中的孩子?!“农民之子”不就是农民的孩子吗?!“沉潜十年”——孩子的“沉潜”和成长至少需要10年啊。在理想、事业、学业、家庭、健康等各种矛盾张力之下，我发现如果什么都想要是什么都得不到的。我是越来越清晰自己要什么，不要什么——后来我放弃了香港理工的硕士学位。

回归生活——“存在的革命”

2009年，我重拾最初的妇女工作的理想，在继续“农民之子中心”教师项目的同时，成为“全球和平妇女”中国办公室唯一的全职工作者。我几乎每个月都到全国各地的城市和乡村探访底层的和平妇女和志愿者们。我不再只关注她们如何从事和男性一样的社会工作，我也观察和倾听她们日常生活中的琐碎与艰辛，在母亲、妻子、女儿的家庭责任与社会角色之间的矛盾冲突与平衡取舍……在与不同妇女的生活和生命对话中“学习”如何去做妇女的工作，体会我自己应该如何做一个肩负多重角色的女性。

2009年前后，随着生态环境急剧恶化、食品安全问题频发，以及城市就业与生活压力的激增，越来越多的普通市民开始关注“三农”。乡村建设逐渐走向城乡互动的可持续发展道路，社区支持农业（CSA）、青年人返乡、城市消费者运动（有机农夫市集等）应运而生。顺应时代的需要，和平妇女在中国的工作也确立了以生态、生计与文化的可持续发展为主题，推动农村从事生态农业及坚持传统手工艺的妇女到城市分享她们的宝贵经验和生命故事；同时，推动更多志愿者去农村访谈传统健康饮食及手工艺的由来与制作方法，还有传承手艺的妇女和老人的故事。通过这样的城乡交流互动，城市的年轻人和村庄的妇女老人们都从衣食住行以及生活的方方面面重新体认到原本平淡的乡村生活独有的价值和意义。安徽阜阳的王妈妈、返乡青年刘全影等妇女代表们到了城市的高校、社区、幼儿园、消费者团体中举行生命故事分享会和手工艺工作坊。她们满含着对生活的热爱和激情，载歌载舞地用质朴的乡音讲述自己日常生活的抗争经历和村庄的新乡村建设经验，手把手地耐心教授城市人学习缝香包、做馓子、炸糖糕等。她们用自己亲身的经历和坚忍的精神感染了很多人，也把传统健康的生活方式带到了城市。

从这些妇女和返乡新农人身上我也看到了另一种生活与事业结合的可能性。所以，当我自己成为孩子的母亲时，我和丈夫选择了半农半工的生活方式。我们一边带孩子，一边种地，养鸡鸭羊，同时从事自己的工作。我在每一天的生活中都要去协调自己的各种角色，处理自己与各种生命体（大地也是有生命的）之间的关系——带着孩子在土地上劳动、玩耍，与动物、植物一起长大是如此的踏实和幸福。当然，我们的农村生活中也要面对许多普通人都要面临的问题，不用化肥、农药、除草剂被周围人嘲笑，为保护鸡鸭与野狗、野猫斗智斗勇，天气太冷导致刚出生的小羊冻死……2014 年夏天，我们一家老小更是被“地主”粗暴地赶出土地。那时，我对那块刚刚恢复生机的土地和土地上的生命感到非常遗憾和难过，却没有对自己的遭遇和未来的生活产生过恐惧。我认识的底层农民曾经遭遇的困难比我遇到的严酷得多，而且我还有那么多从事公益的朋友支持和帮助。面对“地主”的暴力行径和法律的漏洞，我们并没有屈服，也没有以暴制暴，而是在朋友们的帮助下和平谈判，据理力争。虽然蒙受了不小的损失，但我们安全地离开，并选择了在另一个农场附近的村子生活——这样我们还可以经常带孩子去土地上劳动。

当时，有人问我，这样的生活有安全感吗？我的回答是，安全感是从不断的行动和反思中获得的，不是靠别人或外界创造的。对于我来说，任何物质的困难都不是真正的困难。真正需要谨慎处理和认真面对的问题是各种人与人的矛盾和关系，以及在这些压力之下自己内心的矛盾。我也曾经对这些问题感到困惑、迷茫，非常沮丧。曾经的我，还有很多做志愿活动、社会服务工作的人，很缺少内在与外在的和谐——外在的压力和矛盾会控制自己的思想与情绪，从而使内心不能平静。

庆幸的是，这些年来我能经常走出去，去跟乡土大地和大地上的人们对话，在与微观的生命故事和宏观的社会时代的对话中慢慢解放自己，找到一些东西。同时，我发现其实很多人都在寻找，寻找生命的归宿、坚持的价值、心灵的家园……2009 年底在非洲加纳开会期间，我看到了跟我们中国农村相似的织布机和手工艺品——我似乎找到了人类最本真、最淳朴的那种相似的东西。有人说人类起源于非洲，我觉得不管怎么说，我们不同地区、不同肤色、不同种族、不同阶层的人都有共同的心灵的需要——内心真正的平静和安详——“平常心”。这也是祖先留给我们的农耕文明、乡土文化中最宝贵的东西。我又想到南美洲教育家、解放神学家保罗·弗莱雷的《被压迫者的教育学》:“对话”,“解放”,“解放自己也解放敌人”!

只有以“平常心”,坚持做“平常事”,我们才能直面内心的各种矛盾,才能使内心矛盾与外在的行动与事业追求平衡一致——“不以物喜,不以己悲”。否则,即使是志愿活动、社会公益事业,以及这当中人与人的关系,也将面临市场化逻辑下的恶性竞争与不平等。

陶行知曾说“生活即是教育”。那些在琐碎艰辛的日常生活中,朝夕劳作、地位卑微的底层人民是何以生,何以活,何以在共同生活的实践中涵容化育出数十年如一日的生活信念和人的尊严?对比一百多年前妇女解放、农民运动与中国革命的结合,今天这些被全球化剥夺、被现代化挤压的人们没有运用激进的革命形式,而是以持久反复的生活抗争开启着一场“存在革命”。他们在日常生活中磨砺出的智慧、经验和信念,让他们的生命无比坚韧有力,让有幸与他们相遇的我也参与到这场“存在革命”。我深深地意识到,看似无力的那些人群——他们其实比我们这些知识分子更有力。他们不是我们传统意义上的困难群体,只是他们的知识、他们的经验没有被主流的教育体制所认可而已,他们拥有丰富而实用的本土生活的经验,生活的知识——用陶行知的话来说就是“生活教育”的力量。

包括我自己在内的许多乡村建设志愿者正是在与这些妇女、老人和乡亲们的携手前进中成长和成熟起来的。从中国改革杂志社的“大学生支农调研队”、北京梁漱溟中心的“人才计划”、小毛驴市民农园为代表的CSA,到“返乡青年”或“新农人”——从轰轰烈烈的支农时代走向长期可持续的城乡互动;从外向“救世”到内向“树人”——从农民的孩子成长为继承百年乡建使命,横向沟通城乡发展的平凡而不平庸之人。

从“我”开始——发掘乡村孩子的潜力和自信

2017年,我们带着大儿子回父亲老家的城市读一年级,在对孩子的教育中我再次感受到很大的思想矛盾。在孩子上小学前,我们就让他在土地上,在生活中学习,学习种地劳动、做饭、做家务……。可是一旦进入普通小学,孩子就被学校里的“题海”淹没了,经常说:“我好累,我不行了!”而且孩子的身体也有了不良的反应——长期的疲惫感,经常感觉快生病了。我想,在城市里他这么小就必须开始面对10多年应试教育体制的压力了啊!如果我没有多年的草根组织工作历程,不了解多元化的教育实践的话,我只能像无数城市里焦虑的母亲一样,一方面矛盾着,一方面又逼着孩子去学去做题。我也非常希望能够把10余年学习积累的妇女儿童工作经验和教育创新实践,在自己的孩子,以及困在应试教育樊笼中的更多孩子身上应用出来。

幸运的是,2018年,我们在北师大“农民之子”社团老会员的邀请和协调之下,能够到云南大理州剑川县的乡村学校开始新的支教生活。我们夫妻二人不仅在乡村学校教授英语和信息技术课程,还利用周末和寒假带着学生们到大自然中和乡村社区里学习,创办了一个没有围墙的“剑湖学堂”教育模式。我们与孩子们,真的能够与当地老人、妇女的生命经验,深厚的乡土文化底蕴,丰富的自然生态资源融合在一起!生活的知识和技能其实是每个人必须学习的安身立命的基础——我是生完孩子才学做饭的,我觉得这个艰难的“补课”过程真的对自己是很大的一个历练。

今天我们的孩子们可以从小学到这些生活的知识和技能,从广袤的乡土大地和大地上的生命经验中汲取智慧和力量,我相信他们可以比我的成长更有力量,他们的生命力可以更强!当我们在进一步推动农村教育工作的时候,可以把思想放开一点,不是只有把农村孩子送上高考这个唯一的独木桥上。美国斯坦福大学发展经济学家罗思高教授从20世纪80年代以来长期到中国农村调研,发现中国的高中受教育程度是所有中等收入国家中最低的。虽然中国城市城市孩子上过高中的占93%——比美国还要理想,但是农村只有37%进过高中。但是,如果他们可以在现实生活当中找到自信,从父辈那里学到更多的经验知识,比如生态农业的技能——不用化肥、农药怎样种地;或者可以进入到较好的职业教育体系当中去学习一技之长,掌握安身立命的本领——近年来中国正在大力发展完善的职业教育体系。

当我们不再用唯一的标准衡量教育时,农村的孩子也可以活出自己的精彩,他们同样可以有自信,和城里的孩子一起互助合作——其实城里的孩子可以从农村孩子身上学到很多东西。当年我在"农民之子"社团中就是少数来自城市的孩子之一,因为社团大部分成员都是农村的孩子,我从他们身上真的学到很多很多。跟他们一起成长的几年中,我感到他们给予了我很大的勇气和力量去面对人生、事业和理想的抉择。而农村的孩子们其实只需要我们一个鼓励的眼神,需要我们走过去给他们一些肯定,他们就可以绽放更加美丽的生命之花。

去年的中央电视台《经典咏流传》节目中,一位梁俊老师在贵州石门坎支教时把清代袁枚的诗《苔》改编成一首歌曲,与当地的孩子们一起唱:

白日不到处,
青春恰自来。
苔花如米小,
也学牡丹开。
如果没有那次眼泪灌溉,
也许还是那个懵懂小孩。
溪流汇成海,
梦站成山脉,
风一来花自然会盛开。
梦是指路牌,
为你亮起来,
所有黑暗为天亮铺排。
未来已打开,

勇敢的小孩，
你是拼图不可缺的那一块。
世界是纯白，
涂满梦的未来。
用你的名字命名色彩……

《一首孤独了300年的小诗，一夜之间，亿万中国人记住了它》被《人民日报》、新华社、共青团中央、央视新闻、教育部新闻办、《文汇报》等超过30个最具影响力的主流公众号转载，《人民日报》公众号一天两次推送《苔》，新华社客户端也对该诗作了重点推介。

这首清澈温暖的歌让无数中国人感动流泪！我们看到边远山区的孩子们在恶劣的自然环境和经济条件下努力地学习成长和绽放青春；我们也看到农村的老师们——坚守在贫困山村教学岗位上老师们的付出，多么不容易！正如梁俊老师所说："就像潮湿的角落，那些青苔，也是有价值的。"

在乡村的生活中，我时刻感受到父老乡亲们待我们犹如自己的孩子，他们带给我的生命力量远远多于我城市里的亲人，他们带给我的支持、鼓励和关怀远远大于我带给他们的。不少人问过我，是什么力量在支持我做了近20年的志愿者，我都会不厌其烦一次又一次地给他们讲述我和那些妇女、老人、孩子们之间的故事——这些琐碎细腻的生活世界里真实的历史。我和无数的志愿者也正在和他们一起携手走向下一个10年，20年，50年……"我们的事业并不显赫一时，而将永远存在。"

（作者单位：重庆市忠县布泽学校）

“老南漂”与流浪者的生命相遇
——一位社会工作者的行动探究

熊军民 王海洋

2018年3月，王海洋邀请熊军民参加反映实践取向行动研究创发推动者夏林清教授带领的“行动研究工作坊”。现场熊军民围绕自己的“老南漂”经历与夏林清老师展开了对话；之后，夏老师留下作业：希望王海洋可以协同熊军民整理实践经验。这触发了熊军民整理自己庞杂经验的动能。在王海洋的协同下，熊军民整理了过往经验，这也启动了熊军民对“我是谁?”“我为什么做社工?”“我要做怎样的社工?”等问题的叙说探究。叙说探究是行动研究的重要方法；行动研究强调厘清人行动的多层次社会系统，清晰处境，深刻、多层次地理解人及其情景，以从个人历史和他人经验中寻找改变的知识和方法。本文主要由熊军民撰写，王海洋的位置为协同探究者。

一、个体生命磨炼中，启动“善”的力量

（一）“我”是个打工仔，是个“老南漂”

2011年，广东省的经济开始减速，劳动密集型的企业出现了大面积的生存困境，因此拖欠或减发工资、裁员、倒闭、搬迁等频频上演。年近50岁的“第一代南漂”熊军民感到了打工的压力：无论自己多么努力地工作，总是被工厂老板或上司作为受到全球经济挤压的“出气筒”。在私企，人与人之间充满着戾气，打工群体的内部，也是明争暗斗，大家互相挤压生存空间。当时的熊军民是一个工厂的高管，每天早上5:30起床，匆匆吃早餐，6:00监督和帮助出货，整理物资数量，计划一天的订单安排、物资使用量、本厂运送车辆及

外厂货物送入等庞杂的工作，下午 7:00 下班。他的老板是个“明君”，对手下一帮拼命工作的高级管理人员很放心，但还是面临一系列人际关系：成天跟员工们解释工作，少部分员工认为他做事不公平，开始怠工，这时熊军民得保持工厂正常运转，得和他们讲道理，有时自己也得顶在一线生产。销售经理认为自己是老板同乡，认为他的地位应该高于一般主管，所以不会尊重同事，直接骂主管、殴打高级管理人员是常事。在老板的沉默中，工厂多位重量级的资深管理人员离职，包括熊军民。后来工厂问题明显，销售经理辞职，老板把以前的管理人员包括熊军民，请回来了。

2011 年，熊军民灾难连连，这边离职，那边爱人出车祸。她早上去上班，走在工业区里的人行道上，既不是主公路，又不是走在路中间，在离工厂门口 30 米处时，突然，一辆小货车冲向了人行道，将她撞倒了。工友报了警，交警来了，司机沉默了。当全身是血的老婆躺在医院时，年轻的司机和他的老婆向熊军民道歉：他家穷，只能出 500 元钱，请熊军民原谅。熊军民也不想与他说什么，说多了也是累。熊军民向亲人们借钱，医好了老婆，然后向法院提起了诉讼。司机又反过来劝熊军民不要起诉他，他家里穷，没有钱赔，他如果输了官司，来年保险费要多交。在法庭上，熊军民见识了又让良心震撼的阴暗：第一被告中国人民保险公司，第二被告司机，把一切责任全推给在人行道上行走的熊军民老婆身上，他们撞倒了人，停下了车，不逃逸，人没有被撞死，就是遵守了交通法。如果熊军民老婆不出现在错误的时间、错误的地点，就不会被撞。他们的巧言善辩，让熊军民这个中年农民，现场感识到了那位法律专家才华横溢，感识到了专家为什么被老百姓称为“砖家”，见识到了底层民生的艰难。好在最终官司打赢后，熊军民才从痛恨中平息下来，思考着自己的人生规划，也在思考社会的变迁给底层的人们带来了什么。

（二）佛山“小悦悦”事件，人的良心去了哪儿

2011 年 10 月 13 日，佛山出现了“小悦悦”事件：印象中一个 4 岁的小女孩悦悦，在人来人往的商业大街上，先后被两辆私家车撞倒逃逸，7 分钟内，有 18 名路人从小女孩的身边走过，没有人施救，没有人呼喊，没有人报警，第 19 名过路人——清洁工陈贤妹阿姨抱着小女孩，凄惨的哭喊击刺人的五脏六

腑。虽然有佛山当地官员站出来说这件事只是个案,不具有普遍性,当时却掀起了全国性的舆论大讨论,引发对中国发展模式的思考;国人在考问:人的良心去了哪儿?包括熊军民,也在思考:要做点什么改变一下现实环境,不让这个社会走向窒息?后来他毅然决然地辞工,寻找一个能唤起人们良知、让社会关系变得和谐的工作。最终,他找到一个可以让自己的后半生安放灵魂的地方,那就是当社工。

二、追寻社工志业之路

为了寻找一个能改善人文环境的志业,熊军民去当了社工。要当社工,就要先考证。当时国家正在大力发展社工,只有中专(师范专业)文凭的熊军民参考了,拿到了助理社会工作师证。当熊军民满怀信心地找到社工机构时,得到的回答是:我们机构一般招聘30岁以下的年轻人,最少也要35岁以下,本科学历的。您都40多岁的人了,属于中老年人了,学历低。但机构现在有个岗位空缺,位置比较偏僻,不包吃住,要自己做饭、自己租房,是照顾残疾老人的,您先做做看。这样熊军民才上了岗。

起初熊军民虽然读过社工考试指定教材,但不懂得社工要做什么。但看过社工机构的少量文字、大量照片宣传小折页,他似乎明白了社工原来是带着一帮学生或广场舞大妈热火朝天地做活动!社工就干这事?!熊军民有些糊涂了。然而对熊军民影响最深的书:《毛泽东选集》,在他之后的工作中起到了很大作用。在随后工作中,他学习、借鉴毛泽东密切联系群众的经验,以及同吃同住同劳动的工作方法;在4个月的时间内,他把在隔离区生活的162个残疾老人的生命动能调动起来,老人们开始走向了有动能的老年时光。作为社工的熊军民不是天天"猫"在办公室里处理文书、微信、QQ,对与老人们面对面的工作不屑一顾的"消极社工"。

三、从事流浪救助社会工作与学习行动研究的双重实践

熊军民按社工价值与伦理工作,在服务群体与用人单位利益冲突的情况下,社工很难不被用人单位质疑,也因此熊军民转做了流浪救助社工。救助

站和社工机构都希望救助站的社工可以长期驻扎下来，潜心专攻，这很合熊军民的心愿。对年轻的、有家庭背景的社工而言，这里的服务对象难以应付：有气味、有个性、有脾气、有人格缺陷、有精神障碍、有智力残疾、有身体残疾、有各种稀奇古怪的要求，等等。但对熊军民而言，刚刚好，熊军民就适应这类有挑战的工种；对四平八稳的工作，他反而不适应。这时，碰到东莞市社工协会与东莞市毅行社会工作服务中心等机构联合举办“东莞市骨干社工人才培训班”，熊军民进入了培训班。3 年后，当熊军民碰到当初选拔的面试老师，他忍不住问：“为什么选我这样不入流的社工进这么高档的培训班?”她回答：“在选拔社工人才时，发现全是清一色的社会工作专业毕业生、在社工界有一定资历的社工人才，工作经历平淡，缺亮点，缺能动性；于是就想，能不能找到像熊军民一样有个性和社会历练的人进入这个培训班，让培训班活起来?”进入培训班后，熊军民接触到了行动研究，认识了负责组织行动研究学习的王海洋老师；通过他，接触到行动研究。以前，熊军民不知道自己一个“老农民”还可以做研究，研究对他而言简直是高不可攀。现在不同了，他参与的研究叫行动研究。后来跟着海洋老师，认识到杨静老师、江华老师、梁军老师、芳萍老师、夏林清老师等。之后熊军民等几个学员和王海洋老师一起组织起“行动研究读书会”。培训班结束后，熊军民积极寻找其他学习机会，在随后的培训中熊军民接触到了社会工作领域有建树的其他老师，如北大的王思斌教授等。同时，熊军民也开始阅读一些我国台湾地区和大陆行动研究的在地文本，这给了熊军民一个思路，让熊军民理清了自己；如同一两长时间、高速奔驰的汽车停下来，检查、再检查。熊军民静下心来，回观自己：个人的身份不只是如牛马一样只能低头拉犁、拉车的人，还可以做一个行动探究者。于是，个人的意识得到了提升，生命的意义也开始升华。熊军民辨识出自己不再是一个人到中年的老农民，低文凭、低能力、只能干苦力的大叔，他还是一个有自己独立价值的人，而这个价值，是不可忽视的！熊军民见识着、见证着行动研究的力量，开始运用行动研究反思，把他对流浪人员的所思所想形成文字。

四、与流浪者的生命相遇:把服务对象当亲人,把工作当使命

熊军民一看到服务对象有困难、有异常行为或激烈行为,就会前去了解、化解;服务对象的困难就是他的困难,就要去解决,加班加点是常事。"有人的地方,就会有江湖",在工作中,也出现过一些不和谐的声音。比如,熊军民自己认为能发挥作为一个社工的作用就很高兴和满足了。他对工作的全力付出,都是替用人单位、服务对象处理难题。但仍有人认为熊军民"不够乖",应该压一压。社工的核心使命是推动社会公平正义,熊军民平时会用行动来践行;他也写成文字发声,推动环境改善,但社会工作者在现实工作中确实成效缓慢。工作中,熊军民把自己的经验分享给同工们,希望大家不看重眼前利益,重视自己的能力与实务,打响社工品牌,让老百姓有口皆碑。但却难获得一致的认同,因为大家的工作动机各有不同,时间一久,不光是没有"团结同事共同前进",反而招来反感。熊军民也希望社会工作机构改革一些做法,重用能干事、有社会影响力的社工,而不是只看社工的文凭、户籍、写作能力。但机构的生存也不容易,受制于大环境,一些好的方面机构想去做也做不了。熊军民同时希望对社工的评估摆脱"只看文书,不看实践",让社工能放开手脚工作;让一线社工多点时间为老百姓服务,不要天天"逼着"社工填写一堆表格,来体现对一线社工的科学管理。一个机构,一个服务点,服务好老百姓是根本。少一些费时费力的"自证清白"、无用"文书",让一线社工轻装上阵,多做实事。

五、返身回看流浪救助社工对于熊军民的生命意义

(一)能得到心理平静,活得实在,成为一个像熊军民的祖辈一样,接地气的人

熊军民回观自己,很多人不愿意走近流浪人士,自己为什么能走近流浪乞讨者,与残疾人士、智障人士、精神障碍人士、人格缺陷者、吸毒人员、艾滋病患者共处,并能设身处地地为他们工作?返回熊军民家的社会田野,熊军民出身一个贫苦的百姓家庭,儿时的贫困、受气、受罪历历在目。本质上,熊

军民就是他们中的一员。熊军民能做社工，没有成为流浪人士，是由于父母、祖父母的勤勉，他们含辛茹苦、忍辱负重，让熊军民多读了一点书，又在苦难中得到了历练，使自己变成了“皮糙肉厚骨头硬的汉子”，才有机会冲出来，没有成为流浪乞讨人群中的一员。熊军民出生在农村一个小知识分子家庭，农民朴实的情感让他一辈子以农民为荣。同时，自身生存的不易让熊军民对同样是生存不易的人有深深的情感 。小时候，父母、祖父母最操心的事就是如何在青黄不接的时候让全家不饿肚子。要穿上一件手工做的新衣服，那只能等到过年。大孩子还有新衣，因为正在长身体，衣服每年嫌小；家中老二、老三及排在后面的兄弟姐妹，只能穿大孩子剩下的二手衣服，破了反复补。熊军民到现在还记得妹妹穿自己嫌小了的、一件男孩子旧衣服时的可怜样子！家中的大人，则是常年那两套衣服，一家人的新衣服只有外出做客、过年的时候才拿出来“装新”。每年过年的时候，大人们发愁：去哪弄点荤腥食物回来待客，而不是自己食用。即使是这样，一家人也其乐融融。

更可气可恨的是，在这种空间中求生存，还经常被推向谷底。传统的农村，遵守的法则是丛林法则：谁家男子多，身强力壮，打架狠，谁家就是高人一等，可以占用较多的资源，活得轻松点。熊军民五六岁时，很懂事了，知道大人以教书为生，打架不行，家族无势力，懂得生存的不易，会想办法顾家，帮助一大家人不挨饿。只有几岁大的熊军民，学会了放牛、喂猪、做家务，一放学就去找野草喂猪、到野外捡柴火、去生产队的田间地头捡点被遗漏的、被雨水泡过或发了芽的稻子、麦穗，拿回家喂鸡、喂猪或自食。家里的房子是清朝时祖爷爷建的，在村子的最中心，周围杂乱无章地建了很多村舍。邻居们的房子侵占着他家的祖屋地基，祖上留下来的宅基地被前后左右的邻居蚕食，到最后，家人出行不便，以前都能并排走拖拉机、走汽车，后来前门只能勉强过一架木制的板车，后门被封死。这还是熊军民母亲跟前后左右的邻居们发生了无数次冲突后，才允许保留下的“走路权”。为了保住自家的走路权，邻居建房时，熊军民的母亲总是出面请他们不要占用自家的祖基地，让家人能有个出口。邻居们对熊军民母亲的回答，就是用拳头说话。他们经常打到熊军民家门口，熊家人躲在家中不敢出门，熊母气得号啕大哭。熊军民现在一想起来,仍是泪水模糊。直到自己长大成人,仍然遭到这样那样的屈辱,被无理地欺负。同时,村里大多数朴实的村民、家族成员,伸出了无私的援手,给了全家很多很及时的帮助,帮助这个苦难的家庭一步一步走了出来。熊军民小时候的心愿是长大了习武,行侠仗义,像侠客一样,收拾那些欺负人的恶人。但父母不这样认为,他们把熊军民往学校撵,让熊军民读书,走出这落后、封闭、愚昧、暴力的农村,去外面找天空。顺着父母的意愿,熊军民走出来了,远离了祖屋并新建了房子,家人也在市中心、街道中心购房或建房,或在大城市购房。虽然熊军民的日子过得清苦,但安稳。熊军民想起《白鹿原》里白孝文离开白鹿原时说的一句话:"谁走不出这原谁一辈子都没有出息。"虽然白孝文是一个反面典型,但他的话不无道理。清朝时的祖居没有拆掉一片瓦片,被原封不动地保留在原地,作为自己及其兄弟姐妹与后代的留念,也是对苦难的父母的交代,对祖父母、曾祖父母的纪念。一半是出于愤怒,一半是为了追忆熊军民在祖屋去世的祖父母,它时时提醒着熊军民:"自己是什么人?从哪里来?往哪里去?"这激发了熊军民要为跟自己儿时一样痛苦的人做点什么。

短短的30多年里,中国完成了由农业社会向工业社会转型,又开始从低端工业化向高精尖现代化快速前进。现代化是前进的方向,现代化加快了社会的变革:新的行业产生,旧的行业被淘汰。现代化又产生了新的动荡和不安,制造出一系列社会矛盾。一些曾经可以谋生的人们,失去了工作和生存空间。底层农民、市民,因低文化、无技术、粗放的情怀、一身的汗水,成了时代的牺牲品,更不入精英们的法眼。同时,中国正在进行的大变革,国家经济快速地向少数人的手里汇集,富人更富,穷人愈贫。在流浪人员中,绝大多数是生活在中国最底层的农民,他们是被忽视、被社会抛弃、被他人瞧不起的一个群体。在生活的重压下,他们只能默默承受、苟活着。熊军民作为一个流浪人士社工,能运用正式资源帮到他们,等于找到了一个为社会救赎的途径,自己心理也平衡了。

(二)帮助流浪人员的实践中体悟生命的价值

来救助站的求助人士,跟熊军民年轻时一样,几乎"除了一条命,什么也没有”。他们提醒着熊军民,要去帮助他们,这是他的一种本能。于是,他帮助他们联系亲人、办理回家的手续、就医,甚至护送回家和协助找工作。还有一部分是想回家的“三无”人员(无名字、无户籍、无亲人联系方式),熊军民竭尽全力,尽可能地让他们回家。每当看到精神病人病情发作时,熊军民总会想:如果自己当初被迫在农村老家生活,会不会跟他们一样发疯?每当遇到醉酒、吸毒或反社会型人格、分裂型人格者恶意发泄时,熊军民会冷静处置。每当看到服务对象感激的眼神和笑容时,熊军民就觉得自己不是在做事,而是积德。熊军民穿梭在流浪人员中间,每天面临着许多未知的情况,他如“上了膛的子弹”,随时待发。再加上私企打工的经历给熊军民的应变能力带来很好的训练,让他不惧危机事件,应变危机、化解矛盾、解决问题的成效显著。熊军民乐意做一线实事,愿意成为一个脚踏实地的社会工作实践者。

(作者单位:东莞市大众社会工作服务中心;东莞理工学院)

治理案例

探索实践网格化服务管理 智能网格提升社会治理效能

四川省成都市郫都区

一、郫都区网络化服务管理的背景与起因

郫都区面积438平方千米,户籍人口55.86万,常住人口108万,是成都中心城区重要组成部分。

郫都区网格化服务管理的改革,是将其作为以“绣花”功夫推进城市管理精细化、智能化的重要抓手,是在考量郫都现有网格化服务管理工作基础上作出的重大决策,其改革动因如下:

一是城市管理的系统性欠缺。改革前,全区布局15张网,1689个网格和1460个一级网格员,财政资金分条线分散使用总体投入超过4000万元,但职能部门各自为阵,网格交叉纵横、多头管理,网格员工作积极性不高,基础信息采集不及时、不全面,且形成相互分割的信息孤岛,信息综合利用率和服务实战的能力较低。因此,如何深化网格化服务管理工作,理顺各部门关系,实现城市的系统化管理,是城市管理精细化的重要前提。

二是社会治理的专业化不足。当前社会治理工作全面布局、多点开花,但是面对日益复杂的城市管理问题,基层治理往往“心有余而力不足”,资源投入大,专业人员缺乏,人民群众的满意度、获得感、安全感不高,社会治理绩效效果不彰。因此,如何打造一支专职化的网格员队伍,健全信息网络平台,提高社会治理专业化水平,是城市管理精细化的重要路径。

三是民生服务的可及性不够。进入新时代,社会主要矛盾已经转化为人民对美好生活的需要与不充分不平衡的发展之间的矛盾,但做到“衣食住行、生老病死、安居乐业”方面的服务,对有效传达社情民意提出了要求。如何通

过网格员队伍将服务管理有效地惠及人民群众的日常生活，切实把服务、管理和资源下沉到微单元，提高基层服务管理的可及性，解决“最后一公里”问题，是城市管理精细化的关键。

二、郫都区网络化服务管理的做法与经过

郫都区以一张网为基础，以一个事件清单管理为主线，配置了一支专业的网格队伍，用“三个一”实现资源从“分散”到“整体”、信息从“封闭”到“开放”、社情从“滞后”到“实时”、指挥从“多级”到“扁平”、服务从“延时”向“零距离”。

（一）系统架构，提高基层社会治理的专业化水平

1. 统筹优化网格结构（一张网）

“网格化服务管理”系统架构的第一步，是在乡镇（街道）管辖区以下划分基层治理网格。郫都区按照“街巷定界、规模适度、无缝覆盖、动态调整”的原则，结合城乡社区幅员、辖区单位人数、服务管理对象等实际，将全区原来分属不同部门的15张网、1689个网格，优化调整为区综治办牵头的1张网、589个网格。在实际运行中589个网格划分出555个一般网格和34个专属网格。同时网格的发展应当根据城市发展进程、行政区划变更、地理形态变化等情况及时调整，确保容量适度、大小平衡、界限明晰、便于治理。网格结构的科学划分，打破“九龙治水”格局，网格边际更加清晰、责任更加明确、管理更加科学，确保了“每一寸土地都有人管，每一项任务都有人落实”。

2. 统筹整合网格事项（一张清单）

“网格化服务管理”系统架构的第二步，是整合现有网格事项，统筹优化网格工作职责。一级专职网格员是网格化服务管理工作的具体责任人，统一履行社情民意收集、民生服务管理等基本职责和环保、安全等15项延伸职责，具体包括环境保护工作、公安“一标三实”工作、安全生产工作等事项，从原来各职能部门各自为阵到形成“人在网中走，事在格中办”的工作格局。

3. 统筹配置网格队伍（一支队伍）

“网格化服务管理”系统架构的第三步，也是重中之重，是组建一支优秀

的网格队伍。按照"养事不养人"和程序公开透明原则，通过统一考试考核，高标准、严要求选聘589名以返乡大学生为主体的一级专职网格员。加强全区职能部门和属地街道培训，提高专职网格员履职能力，开展集中培训26次、分片区培训68次、差异化培训45次，网格员人均培训达到68余次。出台《郫都区网格化服务管理工作一般有效信息即时奖励办法》，引导二、三、四级兼职网格员协助开展工作，有效激发其工作积极性，初步构建起"一格多员、一员多职、多职齐管"的力量配置，社区微治理全覆盖、基层基础进一步夯实。

（二）规范管理，提高基层社会治理的法治化水平

1. 规范制度体系

在依法治理的理念指导下，郫都区网格化工作坚持制度先行，通过制定一系列意见、条例、办法等相关文件，形成了一套稳定的网格化治理制度体系。从创新网格化服务管理以来，郫都区社会治安综合治理管理委员会办公室接连印发系列配套文件和措施办法，形成"1 + N"的政策制度体系。2017年5月至2018年，郫都区相继印发了《郫都区网格化服务管理体系运行指导意见》等文件，从网格化服务管理体系的运行机制、网格员管理培训考核到网格化协调工作联系会议、网格服务管理事件跟踪督办等，网格化服务管理最终形成了一套规范、稳定、完备的制度体系。以制度体系的形式为网格化服务管理工作提供保障，有利于提高基层社会治理的法治化水平。

2. 规范层级管理

在区级层面，设立网格化服务管理中心，负责领导、统揽辖区内的网格化服务管理工作，制定网格化服务管理的系列制度规则、监督网格化服务管理的运行过程、考核评价网格化服务管理的各类参与主体。在街道层面，设立网格化服务管理分中心，负责本街道范围内的网格化服务管理工作开展，向上对接区管理中心，向下衔接社区工作站，根据郫都区《网格化服务管理实施意见》精神、立足区域实际，完善街道网格化服务管理实施细则，及时接收、处理、传递网格平台上的本层级网格信息和事项，充分利用平台功能与线下督察手段实施网格员工作情况的监督。在社区层面，设立网格化服务管理工作站，具体负责本社区内的各网格管理和网格工作宣传，指导、协助、配合社区

网格员开展工作,为网格员的职责履行创造便利条件。

3. 规范人员管理

专职网格员是网格化服务管理工作的具体责任人,依托"大联动、微治理"体系和网格化服务管理信息平台综合履行社情民意搜集、民生服务管理、应急响应、矛盾纠纷劝调、社会治安防范、流动人口和特殊人群服务管理、突发事件、违法犯罪、安全隐患报告、政策法规宣传等15项基本职责。专职网格员在自己的网格内巡查至少一日两巡,且时间不低于两小时,保证做到"四访三巡","四访"具体是访特殊人群、流动人口、出租房屋、小区院落业委会和居(村)委会,"三巡"具体是巡环境污染问题,消防、治安、道路安全以及市政设施。网格员每月向网格化服务管理信息平台上报有效信息并指导二、三、四级网格员共同开展网格化服务管理工作。网格员的督查考核方面,区网格化服务监管中心对区级职能部门和各街道(镇)网格化服务管理运转情况实行考核、监管、指令;各街道(镇)或村(社区)负责网格员的日常管理考核,根据自身情况制定《网格化服务管理实施细则》和《网格及网格员考核细则》;区网格化服务监管中心会同环保、安监、公安等职能部门对一级专职网格员履职情况进行不定期的抽查核实;网格员绩效考核白抽查考核、民意满意率、领导综合评价、奖励惩罚等多种形式构成,建立网格员工作奖励基金,评选月"十佳网格员"、年度"十佳网格员""十佳网格"。对网格员的逐级督查考核规范运行有利于节约成本,促进管理体制的高效运转,全面提升网格化服务管理的能力和水平。

4. 规范运行机制

自网格化服务管理运行以来,郫都区坚持规范职能部门下沉网格业务的标准和程序,以基层社会治理要求和群众需求为基本导向,综合考虑业务下沉的必要性、重要性和可行性,力求通过职能部门的业务下沉达到治理重心下放、治理效率提高、群众需求满足的效果。郫都区综治办在创新网格化服务管理之初,立足于当时的基层社会治理现状,将全区原来分属不同部门的15张网、1689个网格,优化调整为区综治办牵头的1张网、589个网格,并在区政法委的指导下,主动联系区级职能部门,积极沟通讨论部门职责范围内可供下沉的相关业务和职责，在严格筛选、多方协调、反复考量的基础上，最终梳理出了15个部门的48项职责统筹下沉到辖区内的各个网格。此外，为了持续规范对网格业务的管理，确保下沉网格的业务都能有章可循、有据可依，郫都区还对后续下沉网格的临时性业务流程作了规定，区职能部门、街道凡是需要沉入网格的临时性工作都必须首先报告区网格化服务管理中心，由区网格化服务管理中心根据下沉事项的标准和要求来判断、决定是否将事项沉入以及具体采取何种方式沉入网格。

5. 规范事项处理机制

网格化服务管理以信息平台为依托，以自下而上收集问题、自上而下解决问题为抓手，以不定期抽查、痕迹化管理、群众满意度考评等监督考核机制为配套，建立了网格服务管理事项“发现上报、指挥派遣、处置反馈、任务核查、考核评价、结案存档”的闭合运行流程。一级专职网格员发现问题不能处置的应立即上报，由村（社区）工作站进行处置反馈，村（社区）不能处置的立即上报给街道（镇）“大联动”指挥分中心，由分中心指挥派遣驻街道（镇）机构及内设机构进行处置反馈，分中心不能处置的上报给区“大联动”指挥中心，由区指挥中心指挥派遣区职能部门进行处置反馈，区级职能部门无法处理的，由主办职能部门上报上级职能部门；需要多个职能部门联合办理的，由主办职能部门牵头协调各职能部门协办。

三、郫都区网络化服务管理的成效与反响

郫都区紧紧抓住创新网格化社会治理机制的契机，扎实推进基层社会治理方式变革，走出了一条以信息化整合作为支撑、功能不断优化、达到精准化服务的新路子。

1. 实现了信息整合

在网格化服务管理中，最主要的特色之一就是实现了信息整合与共享。郫都区在推行网格化管理的过程中，运行了互联网、电子信息技术平台、手机终端、“大联动”平台等技术，建立常态化信息采集模式，将整个郫都区的人、地、事、物、组织基础信息进行动态采集、审查、录入、更新，确保信息完整、准

确、鲜活，建立统一的终端数据库，将网格内的信息相互联系在一起，这样不但保证了信息的一致性，而且去除了大量冗余信息，提高服务效率。目前累计录入基础数据210万条，发现上报各类事件48万余条，办理结案47.92万条。并且，相关职能部门与网格化服务管理信息平台互动互联，将通用性、共享性数据全部导入，实现互通互享，增强了各部门之间的联系与合作，充分利用了各方面的信息，避免了碎片化信息的收集与处理。同时，建立信息保密和分级授权制度，促进数据信息综合集成、关联比对、权威发布、共享应用，避免了信息孤岛等问题，将信息的收集和处理更加程序化、专业化，较好地促进了城市社区的有效服务和管理。

2. 优化了治理体系

基层服务重心下沉。郸都区网格化服务管理遵循扁平化的操作模式，政府部门、街道、社区、网格之间形成了统筹联动的分层问题解决方式。这就在政府、街道、社区、网格与居民之间形成了流程简化、便捷高效的问题反映与回应机制。在精细划分的社区网格中，居民的各种问题都能及时发现，并有网格员在第一时间上报，逐级进行问题解决，各种矛盾得到及时化解，使居民能切实感受到政府及社区力量的介入帮助与服务。网格化服务管理使政府、社区同居民形成了紧密全面的联系，居民的多元化的需求也能得到很好的满足与回应。

网格员专业队伍成型。对于郸都区网格化服务管理系统而言，能够予以顺利实施的基础就是专职的网格员队伍。郸都区重视专职网格员的日常管理工作，对专职网格员的职责、配备、待遇等进行了明确，统一配发工装、手机、胸牌等，规范管理。健全了教育培训制度，自网格工作开始至今，相继召开了26次专职网格员业务培训大会不断加强对专职网格员队伍政治思想和业务知识的培训，多渠道增强网格员素质，举办消防知识等职能部门的业务培训，提高了网格员为民服务的能力。

3. 转变了治理方式

网格化服务管理的突出成效之一就是将基层社会治理方式精细化，主要表现在信息水平的提高，网格划分的层次化，治理力量的互信互动。

治理方式精细化体现在社区网格化服务管理将政府、街道、社区的信息平台予以整合,促使公共服务与治理资源的优化配置与信息共享。精细化的"大联动"网络信息技术系统实现了各层级治理工作之间的衔接,各种社会力量之间的协作,连通了各个网格单元以及每一位居民。闭合运行流程与链条式服务管理,在网内协同受理社区治理中待解决的问题,深化与拓展电子政务的功能。

网格划分的层次化体现在社区网格治理中科学的横纵网格划分,综治办在进行治理网格划分时不仅在纵向上划分了具有上下层级关系的网格工作层次,还注重通过横向的治理工作内容进行精细的网格划分,使社会治理的基本职能都涵盖在网格内,使网格工作、公共服务真正地面向基层,扎根基层,精细化的网格划分是网格化服务管理良好运转的基础和有力支撑。

4. 提高了治理绩效

和谐基层社会氛围形成。专职网格化管理之后,郫都区治理能力明显提升,协助抓获在逃人员 12 人,发现和取缔邪教人员聚集习练场所 5 处,联动高效处置突发严重水体污染事件 2 起,违法案件警情同比下降 36.5%,收集社情民意有效信息量同比上升 43.2%,环境保护有效信息同比上升 30.1%、安全生产有效信息同比上升 23.5%;网格员手持终端活跃度大幅提升,每月事件办结量跃居全省前茅。网格化服务管理让专职网格员下沉到基层网格,听取居民的心声与建议,尊重居民的民主权利。专职网格员通过社区巡防与居民交流,帮助居民解决苦难与问题,发现邻里或家庭之间的矛盾纠纷并及时反馈处理,有效地将社区矛盾在社区网格中化解,实现了问题处理与反馈的便捷与高效,在基层社会营造了和谐的氛围。郫都区网格化服务管理中专职网格员与居民之间密切联系,进行积极有效的沟通与引导极大地降低了服务成本,有时可将治理问题提前预防,使居民的居住幸福感增强,受到应有的重视与尊重,促进基层社会和谐氛围的形成。

四、探讨与评论

（一）如何推动基层综合治理的系统性

郫都区在加强系统治理，强化多元协同治理上仍有亟待完善的地方。接下来，郫都区将持续贯彻落实中央和省市关于加强、创新社会治理的工作要求，继续以“大联动、微治理”为抓手，进一步厘清政府与各职能部门在“大联动、微治理”体系中的权责，加大对各方履职情况的监督考核力度，保证各方能够切实将基层工作放到心上，落到实处；进一步发挥居民自治和社会参与功能，支持鼓励社会组织、自组织积极参与基层事务和公共服务，号召广大群众依法、理性、主动、有序地参与社会治理，最大限度实现政府治理和社会调节、居民自治的良性互动；进一步加大信息技术在政府部门间设施联通、信息互通的作用，更加注重信息平台的完善和优化，更加注重线上线下一体互动、相辅相成，更加致力于提高基层社会治理的智能化水平。

（二）如何推动基层综合治理的长效性

一项优秀的制度创新，需要长时期有效地运行方能最大限度展现其价值。为了进一步推动综合治理的长效性、保证网格化服务管理落地生根，郫都区将立足实际、着眼长远，找准着力点、聚焦发力点，循序渐进统筹推进网格化服务管理的完善提升。其一，强化网格化服务管理的目标导向，科学制定网格化服务管理的阶段任务和长远目标，严格对照标准、针对存在问题、狠抓薄弱环节，集中时间精力、人力物力开展攻坚克难，力争通过每一阶段任务的高效完成，最终达到长远目标的如期实现。其二，正视城乡社会基础差异，厘清城市农村在自然资源、市场要素和社会环境上的区别，综合考虑城乡社区治理需求、治理效果和治理成本，分类分区、因地制宜优化网格化服务管理机制，进一步增强城乡居民对网格化服务管理的适应性和认同感。其三，加强标准化、规范化管理，定指标、定细则、定流程，包括对网格员队伍管理、事项处理程序、部门考核评价、信息平台维护操作等都要建立起一套标准的制度体系。

（三）如何推动民生服务的可及性

要坚持在发展中保障和改善民生，增进民生福祉是发展的根本目的，必须多谋民生之利，多解民生之忧。近年来，郫都区通过网格化服务管理创新，把服务资源下沉到基层，把服务触角延伸到社区，把服务工作落实到群众，打通了联系群众、服务群众的“最后一公里”。服务是更好的管理。下一步，郫都区将更加注重网格化服务管理的社会化服务功能发挥，利用网格化体制机制更加深入地了解群众的民生服务诉求，最大限度将民生项目的供给侧与需求侧有效对接，持续优化政府部门对基层的公共服务供给。网格化服务管理体系也将围绕最基本的教育、就业、社保、食品安全、公共安全等民生服务事项，以群众需求为导向，将更多的民生服务项目沉入网格系统，努力做到网格系统内的民生工作“服务响应实时化、需求驱动常态化、服务匹配精准化”，努力让基层民众享受到更多更丰富的民生福利，使人民群众的获得感、幸福感、安全感更加充实、更有保障、更可持续。

管好“村民微信群” 促进农村基层治理

——三都镇源兴村“村民微信群”管理创新的经验和启示

胡爱国

随着微信的普及和应用，大多数的乡村都建立了村民微信群。有了微信群，村干部可以在群里下发通知、推送政策信息，不仅在家的村民获取的信息更准确、更丰富，在外打工的村民也可以及时获悉村里的情况。村民微信群作为一种普及率高且方便实用的线上服务平台，得到基层干部和群众普遍欢迎。但是，村民微信群的管理往往是一个容易被忽视的问题。资兴市三都镇从2018年起，选取源兴村为试点，以创新村民微信群管理为切入口，积极推进农村基层治理创新，取得了较好的实效。

一、源兴村村民微信群管理的主要做法

（一）线上全联通

源兴村现有人口685户、2486人，其中在家人口929人，占37.4%；外出务工人口1557人，占62.6%，“空心化”比较严重。为了让这些群众“离家不离村，离村不离群”，源兴村提出通过村民微信群实现“线上全联通”。一是由各村民小组组长负责，将本组有微信的村民进行登记造册，逐一纳入村民微信群，原则上每户至少有1人进入微信群，尽可能让每一个有微信的村民全部进入。二是对不会用微信的孤寡老人，明确由居住在其附近的村民“结对子”，代为反映诉求、传达信息。三是对源兴村籍在外的乡贤人士也逐一登记加入微信群。四是联系源兴村的镇干部和驻村工作队员加入微信群。目前，

源兴村共建立村民微信群2个,加入微信群的村民612人,源兴村籍乡贤27人,镇干部和驻村工作队员6人。

(二)线下全联系

同大多数农村家庭一样,青壮年劳动力外出务工,留下的主要是妇女、儿童和老人,家里一旦有什么事,自己拿不定主意,在外的人又鞭长莫及。对此,源兴村按照邻里守望、互帮互助的原则,将村组干部、共产党员以及各级代表(市镇人大代表、党代表、村民代表)等善于做群众工作的人员整合起来,实行网格化管理,每人就近联系1—5户群众。将对接联系群众的镇村干部、共产党员、各级代表简称为"三员",赋予集体决策、政策宣传、舆情引导、社情民意收集、结对帮扶、走访联系等职责职权,通过定期召开例会、走访联系帮扶、微信平台发声等方式,具体做好诉求收集、意见反馈以及协调解决问题等线上线下群众工作,确保线上线下融合贯通,确保村里的大事小情有人督促有人管理,充分发挥了中坚骨干力量的作用。

(三)制度全保障

严格制度规范,制定建立了村民微信群的实施细则、管理办法等一系列制度,采取一系列务实管用的工作举措来保障村民微信群发挥作用。一是将微信群纳入村规民约管理范畴,明确由专人进行管理,村民微信群主要用于政策宣传、村务公开、社情民意收集、通知公告等用途,不得发布有损本村形象、制造矛盾、引发纠纷、诋毁国家政策等信息,违者一次提醒,二次警告,三次则踢出本群,并公告全村,重新入群必须作出公开检讨并经审批通过。二是把定期收集反馈社情民意作为走访联系群众的硬杠杠,要求镇村组干部每天必须关注微信群动态,每人每月走访联系村民不少于10户、收集社情民意不少于1条;共产党员对所联系户每月必须电话访问、微信交流或入户走访不少于1次,每月收集社情民意不少于1条;各级代表每人每季必须对选区走访全覆盖,收集社情民意不少于1条,确保深入群众真走访、真联系、真办事。三是建立例会研究交办制度,镇村组干部每周召开例会对一周来村上的重点工作、村民反映的问题和"三员"上交的社情民意进行集中梳理、研究、交办;月例会结合每月主题党日,将当月村组干部、党员收集的社情民意进行研究和交办，对上月社情民意办理情况进行通报；建立“三员”季大会制度，明确每季的最后一个星期五召开全村“三员”大会，通报全村上季度工作，提请通过村级重大事务，研究交办处理重大社情民意。四是纳入年度绩效考核，把镇村组干部履行联系服务群众工作，纳入镇村组干部年度绩效考评内容。对于镇人大代表联系服务群众工作的，从人大代表履职考核细则中拿出10分进行专项考核，作为评先评优的依据。同时，把对党员和党代表履行联系服务群众工作纳入党员积分管理，作为评定优秀和不合格党员的依据。

二、村民微信群发挥的主要功能

（一）做实村民自治

党的十九大报告提出，要健全自治、法治、德治相结合的乡村治理体系。结合源兴实际，以线上线下互补的治理形式，真正解决群众实际需要和实际问题，激发村民自治意识，切实做到民管民用民受益。一个小小的微信平台，不仅提供了村民自治的阵地，进一步激发了村民的主人翁意识和集体意识，还让长期联系不上、分散在各地的村民找到了“家”的感觉。特别是通过发挥“一约一队四会”作用，把村规民约、志愿服务队、红白理事会、道德评议会、村民议事会、禁赌禁毒会相关章程和决定在群内公告，村民自我管理、自我约束、自我服务功能得到强化。

（二）做强基层力量

习近平总书记特别强调：“无论形势如何变化，依靠基层、建强基层这一条永远不能丢。”源兴村以创建基层服务型党组织为核心，坚持以党建为引领推进村民自治工作，充分发挥“三员”作用，将全村善做群众工作、能做群众工作的能人充分整合，形成了强大的工作合力。“老刘，拆危拆旧是改变农村面貌、造福子孙的大好事，我们要支持村上的工作，我已经拆了三间杂房了，你也别拗了，我帮你收拾东西，拆吧。”这是马竹组村代表曹勇深情做工作的缩影。为了落实乡村振兴号召，整治农村环境，源兴村把村组干部、共产党员、代表全部发动起来，党员带头、干部联户，工作难做的农户由党员干部轮翻做工作，短短一个月时间拆了6000余平方米，建公厕1座，改厕73户。2018年以来，源兴村发生矛盾纠纷 6 起，比上年下降 60%，信访总量 4 起，下降 66%；实现刑事治安案件数、群体信访数、安全生产事故三项为“零”。

（三）做活乡村产业

乡村振兴，根本的是要让村民富起来。源兴村过去是一个资源型村，老百姓主要靠挖煤谋生。随着小煤矿资源枯竭和整治关闭退出，源兴村的村民没了收入来源，大多只能选择外出谋生。源兴村要如何发展，老百姓怎么才能富起来，成为微信群里一个活跃的话题。特别是一些在外的乡贤，了解了家乡的情况，也带来了发展信息、产业技术，使源兴村的产业活了起来。特别是镇村干部在微信群通过一些群聊话题的引导，广大村民对乡村的发展和振兴越来越关注了。一些经济能人和在外乡贤主动建言献策，积极引进投资者，推动了村支部农场以及莲虾养殖、肉牛养殖、优质稻、猕猴桃、楠竹等产业发展，也促进了农村环境治理、厕所革命、村组道路修缮等公共事业建设。2019 年农民人均纯收入达到 2.73 万元。

（四）做亲干群关系

微信群畅通了基层干部与人民群众的联系。特别是镇村干部坚持“民有所呼，我有所应”，及时为群众解决身边的烦心事、操心事，切实推进党务公开、村务公开、财务公开，通过支部建设、党员带动，让村民们全都参与到村里大小事儿中来，既抓住了老百姓的“声”，又凝聚了老百姓的“心”。2019 年来，全村收集社情民意 652 条，涉及民生、发展、纠纷、救助等 10 大项 26 类问题。通过件件有落实，事事有回音，群众的安全感、满意度迅速提高，2019 年综治民调满意度跻身全市前 20 名。

三、关于加强对村民微信群管理的经验与启示

（一）加强“村民微信群”管理，是化解当前农村“空心化”问题一个经济实用的办法

源兴村通过建立村民微信群，倡导“离家不离村，离村不离群”，最直接而显著的变化是让“空心化”的村子又实起来了，大家的心又聚起来了。过去，长期在外的人员很少关心村里的产业发展、公共事业，大家如同一盘散沙，缺

乏凝聚力。加强村民微信群管理后,村民的集体意识更强了。乡贤曹晓流是一名退伍转业军人,利用自身从事多年扶贫工作的经验和丰富的猕猴桃种植专业知识,回家创办了资兴市角仙猕猴桃种植专业合作社,流转土地1200亩,2019年实现亩产鲜果2000千克,亩平均收入2万元,带动当地劳动力就业50余人。近两年来,像曹晓流一样回乡创业的产业带头人还有7户。

(二)加强"村民微信群"管理,是做好新时代线上线下群众工作一个不可忽视的平台

习近平总书记强调:"各级党政机关和领导干部要学会通过网络走群众路线,经常上网看看,潜潜水、聊聊天、发发声,了解群众所思所愿,收集好想法好建议,积极回应网民关切、解疑释惑。"当下,村民微信群已经成为农村十分普及的网上聚合平台,如果不加强管理,这个网络阵地就有可能失守。源兴村把"线上全联通"与"线下全联系"融合起来,把定期收集反馈社情民意作为走访联系群众的硬杠杠,采取例会研究交办解决实际问题等做法,真正做到老百姓有什么问题就解决什么问题,不能解决的也及时做好解释工作,让群众真真切切在感受到党员干部和各级代表始终在群众中间。

(三)加强"村民微信群"管理,是提升村级治理能力一个有效的路子

源兴村现有党员99名,其中在家党员只有26人;有村组代表61名,其中在家23人;30个村民小组中长期在外务工的小组长18名。由于外出骨干多,过去要召集一个村组会议、党员会议、村民代表会议比较困难。村务公开贴在公布栏里,也是没什么人看。一些通知、政策、信息等要及时传达到每家每户非常困难。村民微信群的建立,让会议可以采用线上视频群聊方式进行;村务公开的事项放到群里,随时随地都可以查看;政策信息、通知都能第一时间通过微信群传达。2020年新冠肺炎疫情,村民微信群成了群众联防联控的"好帮手",镇村干部第一时间在群内传达市县防控指挥部发布的权威信息、防控知识,引导村民在微信平台表决通过疫情防控相关村规民约,很好地构筑起联防联控网络。这一做法在防疫工作中作为典型经验在资兴推广。

(四)加强"村民微信群"管理,是加强基层组织建设的一项务实管用的举措

群众工作难做,还难在村干部单打独斗,难在拥护的力量没有合力。源兴村把村组干部、共产党员、各级代表、乡贤等一批中坚力量和善做群众工作、会做群众工作的能人调动起来,成为村级工作的后备力量和坚强后盾。比如发挥共产党员的先锋模范作用,引领和带动村民做遵纪守法的模范,做支持村级事业的模范,做发展致富的模范,做乡风文明的模范。还比如让各级代表"亮证",把工作照片、工作承诺、联系方式制作成精美标识牌悬挂其家门口,既让代表有荣誉感,又方便群众联系和监督。源兴村的实践探索,发挥了基层党组织的核心引领作用,团结了各方面的骨干力量,增强了基层组织的战斗力。

(作者单位:郴州市委改革办)

演武坪社区：深化“三社联动”　打造邻美社区

肖雅芝

近年来，在石鼓区委、区政府和潇湘街道党工委、办事处的正确领导下，演武坪社区以党的十九大精神和习近平新时代中国特色社会主义思想为指导，以“创新社区治理体系、提高社区服务水平”为目标，深入推进基层社会治理体系的优化完善，以“突出三社联动、创新四色工作法”为自治理念，探索以社区为平台、社会组织为载体、社工为支撑的“三社联动”机制，充分发挥社区、社会组织和社工在基层社区治理中的重要作用，创建中心城区自治创新实验，打造邻美社区新路径和治理与服务新样本，取得了较好的成效。

一、演武坪社区基本情况

演武坪社区隶属衡阳市石鼓区潇湘街道，东邻桑园路，南邻明翰路，西邻古汉大道，北靠双桥南路，辖区面积0.6平方千米，居民2617户，常住人口7842人，社区专职工作者8人。社区以打造优美生活环境、和谐人居家园为目标，积极开展创建活动，精心打造活动品牌，各项工作成效显著。社区先后被授予“全国科普示范社区”“湖南省两型示范社区”“市文明示范社区”“市示范性社区学习中心”“区公共服务进社区优胜单位”“省级充分就业星级社区”“省民族团结示范社区”“省级文明示范社区”、“市‘五四’红旗团组织”等称号。

二、高位推动，打造邻美社区

一是以德为邻邻里和，学习教育助文明。演武坪社区积极投入创建全国文明城市宣传活动，通过橱窗、横幅、倡议书、小组长会议、报刊、网络等形式，广泛动员，全面开展创建活动，引导居民积极参与创建工作，提升居民整体素质，拉近邻里间的距离，促社区新风形成，为构建和谐社会打好基础。围绕主题，倡导社区科学文明和谐新风尚；活化形式，创建社区廉政文化教育新品牌；示范引路，打造省级民族示范社区新样本。

近年来，社区以文明创建为契机，引领辖区少数民族居民参与社区文明创建工作，不定期开展活动，宣传创建知识，让社区居民了解少数民族家庭，让少数民族家庭了解创建内容，参与社区治理，在社区内形成了生动活泼、民族团结、和谐友善的良好局面。2016 年演武坪社区被评为全省民族团结进步创建活动示范社区。

二是以情为邻邻里亲，志愿服务显文明。演武坪社区成立了党员服务中心与志愿者服务中心，目前共有志愿者 1102 人，达到总人口的 13%。通过活动，实现邻里间的相识、相知、相助，把一个个温馨的小家庭串成和睦的大家庭，营造人与人、人与社区、人与社会之间团结友善、和谐相处的社会环境，构建温馨和睦的“大家庭”。

一方面，打造铿锵玫瑰——“女子志愿服务队”心系群众模式。由社区党总支牵头，演武坪社区组建了 86 人的女子志愿者队伍，充分发扬“奉献、友爱、互助、进步”的志愿者精神，以实际行动为建设富强、文明、和谐的社区作出积极贡献，并得到了社会广泛好评，社会影响力与日俱增。另一方面，打造文明劝导“市容市貌督查队”工作机制。演武坪社区居民自发组织了一支市容市貌纠察队，担负着城市市容和环境卫生的监督工作，志愿者不分节假日、不论酷暑严寒，巡逻在街头巷尾，给社区居民带来一方平安、干净、美丽的居住环境。最后，形成“党员志愿服务队”常态化服务新路径。积极组织党员志愿者走进社区、学校，推行爱心服务连锁，发放家政服务卡，帮扶有困难的群众。

三是以美为邻邻里睦，环境特色共文明。“三清三建”提质升级，美丽家园笑开颜。弘扬文正文化，打造廉洁社区。2016年自社区“三清三建”工作开始后，通过发动社区党员网格支部书记、楼栋长、小组长带头拆违，帮忙做居民思想工作，全年共拆违690余平方米，清理“牛皮癣”18000张，清理卫生死角35处，清理堆物358车，清理楼栋垃圾286个单元，清理管线49800平方米，疏通下水道116次。社区菜地改造1个，建绿、补绿8560平方米，路面硬化1500平方米，15条道路铺沥青11000万余平方米。更换落水管道4000多米，新建生态停车位121个，同时建设曾国藩浮雕和雕塑，打造曾国藩广场，建设廉政文化长廊，融入社区日常宣传，信息公布栏重点以曾国藩文化元素、文明创建、廉洁礼仪为主。

2018年社区召开“四会四议”，广泛征求居民意见，以居民需求为需要，打造“三清三建”升级版，提升社区品质。社区补修更换人行道板砖近750平方米，维修路沿石580米。增设防停车石墩600多个，改造树围池224个，路灯增设和维修14个。清理废石墩12车。清理管井、污水井22个，拆除突出防盗网200余平方米。拆除废旧支架32个，拆除废旧雨棚200多平米，新增更换带有演武坪社区标志的镀锌垃圾桶35个。社区又配置51个生态停车位、72个划线停车位和35处停车区域，大大增加了停放容量。演武坪社区将餐厨油烟治理纳入“三清三建”升级改造中，在居民自筹资金1万余元的支持下，对演武坪34/35/42栋进行油烟治理，墙面污渍进行清洗，现装油烟机200多台，并将居民家的厨房窗户外都装上带有管道的油烟漏斗；“爱心超市”激发动力，优质服务暖人心。整合社会慈善资源，让爱心提升社区温度。2018年5月29日，演武坪社区慈善爱心超市首次正式对外营业，自开张纳客以来，始终秉承“多一份捐赠、多一份爱心、多一份奉献”的宗旨，收到米面、衣物、文具等各种爱心物品数百件，收到的全部物件被发放到困难居民手中；“睦邻文化”共建和谐，情暖万家邻里亲。推广邻里和谐大舞台，搭建邻里交流沟通平台。推进文艺进社区，举办邻里包饺子比赛、邻里厨艺比赛、文艺会演、趣味运动会、家庭才艺展示、社区文明形象评选等活动为“科学发展、共建和谐”唱响美丽的乐章，引导居民与邻为德、与邻为善、与邻为亲、与邻为乐。

创新开展“邻里节”活动，营造邻里和谐良好氛围。演武坪社区以“邻里节”为载体，紧扣“互爱相助、与德为邻”的主题，发挥社区主阵地、群众主力军作用，把“邻里节”与创建全国文明城市、幸福社区工作有效融合，认真贯彻党的十九大精神，在辖区各社区积极推动“邻里节”活动，使广大社区居民切实“看得见、摸得着、感受得到”，形成“友善、互助、和睦、文明”的新时代邻里关系。树立邻里和谐新标杆，发扬邻里和谐新风尚开展道德评议、“美德夸奖”、评选好邻居、好婆媳等活动，征集邻里好故事、睦邻温馨格言、对联等。社区通过宣传栏、道德评议窗以及新闻媒体反映社区邻里间和睦互助的事，对活动中涌现出的好人好事要及时进行表彰奖励，评选“社区十大好邻居”。

三、全面动员，突出三社联动

演武坪社区是典型的老旧小区，多以老年人及流动人口居住为主，流动人口大多来自外地，虽居住在此，但始终没有归属感。社区充分发挥“三社联动”创新治理模式，以打造“邻美社区”为契机，有效链接社区的社会组织及社会工作者开展系列活动，带动社区居民参与社区、社会组织活动为社区居民提升全方位服务，加强专业社工介入社区建设和发展，持续唤起辖区居民的认同感及归属感，实现“睦邻友善、文明和谐”的良好邻里氛围。社区建有法律援助、青年志愿者、心理咨询师队伍、薇尘公益志愿者队伍，演武坪小学也与社区共同开展“校社共建”，由志愿者为社区青少年提供课业辅导、情感关怀等服务。通过引进石鼓区薇尘公益服务中心等社会工作机构、专业社工的力量，与社区形成“三社联动”，在组织培育和居民动员上下功夫，充分调动居民参与志愿服务的热情，联合演武坪小学、心理咨询室长期为学生及青少年服务对象提供情绪心理疏导、精神慰藉。如社区精神病患者刘敏，就是一个很好的成功案例，通过提供专业的社会工作服务和心理疏导，消除了刘敏的心理困惑，解决了她的生活难题，为她申请了低保经费每月补贴，也提升了她的自主能力，同时叮嘱其按时服药，争取尽早恢复社会功能。社区通过介绍一些义工活动，为刘敏打开心灵，重新接纳身边人、事，并经常让她参与社区活动，解决她害怕人际交际困境。目前她已基本恢复自信和社会功能。

“三社联动”创新治理模式启动以来,社区活动经常,效果显著:演武坪社区联合蒲公英志愿者协会及白莲花艺术团开展“阳春三月三、民族团结一家亲”主题活动,呼吁各民族团结一心,强国利民。开展平安创建综治民调及扫黑除恶宣传工作。薇尘公益志愿者为演武坪社区精神患者开展“学家庭护理,做灵魂摆渡人”教育辅导,旨在提高与病人相处技巧及掌握在家庭护理病人的方法。在中元节期间,开展文明劝导工作,收效良好,得到居民的一致认可。开展志愿服务活动,为社区20余户家中的插座开关、厨房水龙头、灯泡、瓷砖破损及下水道堵塞进行维修,得到居民们大力点赞。开展“情满粥香邻里亲,三社联动腊八情”主题活动,并在社区桑园路口为居民免费发放腊八粥,同时还为社区困难群众及环卫工人送上热腾腾的腊八粥及慰问物资。到衡阳市福利院,陪一群特殊的孩子们过元宵节,并与孩子们一起包饺子、做游戏、写字、画画、交流等,最后还送上孩子们喜欢的文具、零食、玩具及满满的爱心。为社区困难老人及残疾老人打扫卫生整理内务。结合创国家卫生城市,演武坪社区联合白莲花艺术团开展爱卫宣传活动,以歌舞的形式展现给居民群众,更容易让居民群众所接受。同时社区老年活动中心长期为60岁以上老人提供活动场地及康复器械等服务,社区老年服务中心每天热闹非凡。

结合创建卫生城市、文明城市,开展“创卫”进行时:演武坪社区“衡阳群众”助力创卫。开展“母亲节”绿色环保创卫志愿活动。开展“三社联动,真爱永恒,圆梦中老年及残疾幸福家庭婚纱照”主题活动。开展“三社联动签”对接会、社区治理新模式活动。开展“三社联动爱国卫生运动”打造示范一条街主题活动。一系列活动的开展,拉近了邻里关系,有效推动居民自治,居民代表大会、居民监事会、居民理事会、居民监督委员会、义务巡逻队、治保会、群防群治队、女子巡逻队、公共卫生督查队、人民调解委员会等居民自治队伍为社区解难题、创新社区服务打下了基础。

四、创新机制,强化管理服务

演武坪社区结合实际,推行和提炼出一套社区“色彩”工作法,即红色引领、橙色服务、绿色和谐以及银色自治。

演武坪社区的“色彩”工作法，有新意，蕴藏着文化气息，也充分体现此社区的特点，“色彩”工作法，红色引领，橙色服务，绿色和谐，银色自治，高度概括了该社区的治理理念。红色象征着革命先烈的奋斗历程，是党心民心所向；橙色是温馨，对待服务对象如春天般的温暖；绿色是环保，象征着勃勃生机，是和谐的原动力；银色是自由，在社区“两委”领导下，无论是换届选举还是惠民项目，无论是文明创建还是文化生活，都体现了演武坪社区的斑澜。社区建设取得可喜的成绩，2018 年“色彩”工作法获“全国优秀工作法”荣誉称号。

五、结语

路漫漫其修远兮，吾将上下而求索。演武坪社区将以此次督导检查为契机，进一步加强社区、社会组织和社工人才队伍建设，充分激发社会组织活力，有效开展社会工作和公益服务，不断完善社区治理，进一步创新思路、大胆探索，力争取得新突破、新成绩和新经验，真正做到为民服务解难题，为建设美丽新石鼓贡献演武力量！

（作者单位：湖南省衡阳市石鼓区演武坪社区）

社区文化治理视角下的社区文化保育
——以新湾疍家文化保育为例

李梦伟

随着城镇化和现代化的推进，人口代际的更替，越来越多的地方文化（如语言、服饰、技艺、风俗等）逐渐被年青一代摒弃，随着老一辈的老去，传统的社区文化面临着消失的风险，造成地域特色和人文关怀氛围缺失等问题，正如费孝通先生所说“社会问题起源于文化失调”。近年来，受乡愁情愫影响，各地掀起了文化保育的热潮，如何在社区文化保育中整合政府、社区、企业、媒体及公民个人等资源，构建有效而可行的合作共治机制，创造既宜居又保留传统的文化环境，从而推动社区建设和社区治理，这是当前各地开展社区文化保育工作必须而且迫切需要面对的课题。本文以疍家文化保育为切入点，传承本土文化，构建多元共治、协同合作的基层社区治理模式。

一、疍家文化濒临消逝的边缘

数量减半的小型渔船，几位上了年纪的渔民在修缮渔网、渔船，这与往日纷繁热闹的渔港大相径庭。新湾社区是东莞传统渔村，是疍民聚居区，拥有东莞市唯一的省级渔港，拥有大、中、小渔船达几百艘。新湾于1998年并入虎门，面积约1平方千米，下辖11个居民小组，这里的疍民祖祖辈辈以海为家，世代打渔为生，被称为“海上的吉卜赛人”，过着“靠山吃山，靠海吃海”的生活。近年来，由于海洋污染加剧、城市化推进等原因，渔业资源减少，传统渔业在不断萎缩，部分渔民上岸转业。社区的历史遗留问题如没有土地、渔民普遍文化水平低、技能单一等，使得渔民这一群体在社会变迁的历程中犹如海上的扁舟,飘摇不定,缺乏归属。城市化对渔民再就业有着较大的冲击,上岸后的收入较低,出现就业意愿低、寻找“赚钱捷径”、生活困难等现象,如此几代恶性循环,社区发展前景堪忧。同时,随着渔民的转岸和生活方式的转变,渔村文化逐渐衰落,先辈们“乐观向上、敢于冒险、勇于拼搏、勤劳质朴”的渔民精神也逐渐被新生一代所遗忘。

(一)疍家文化保护力度较弱

新湾镇1998年撤镇并入虎门镇,成为“新湾社区居委会”,居民以渔民为主,曾在20世纪70—80年代辉煌一时,为记录社区历史和保护渔民文化,新湾镇政府曾做过一些努力:1988年编撰完成《新湾镇地方志》,对渔业发展、渔民生产、生活、风俗、社交等进行了较为详细的记录;新湾文化工作站人员及镇退休老干部对渔民文化较为关注,曾着手做过《渔民文化传承报告及分析》;当地音乐爱好者自发组建音乐室,对疍家咸水歌、经典老歌进行传唱;渔船工艺品制作爱好者自发进行渔业作业场景秒回、渔船绘制、渔船模型雕刻等,还曾成立一个私人展厅,用来展示各类作业的渔船,对此未做具体落实,也没有系统性的规划。

(二)村民参与意识弱,社区文化保育意识淡薄

在新湾社区,打渔、织渔网、唱渔歌等是居民习以为常的事情,并未感到它的特别之处,部分渔民甚至因为渔业衰退带来的贫困而将渔民与“贫穷”画等号。他们只认为,打渔是一种迫不得已的生存手段,没有意识到渔民文化是他们的宝贵财富,较为缺乏对文化的敏感性。在收集古物的时候,村民讲:“那些都是没有用的啦,都是一些烂家什,留着没啥用,搬家的时候都扔了。”走访中经常听到这样的说法。也有村民说:“我们渔民都是最底层的,没什么好保育,就是想政府多点关心我们的生活,提高补贴。”可见,现实生活的压力也让渔民无暇顾及自有文化的保育,也许疍家文化的保育能够为渔民带来一定的经济收益,会更加容易得到渔民的支持;此外,这种“文化的不自信”在村中较为常见,不仅仅在成年人身上,青少年表现也较为明显,一方面是不愿意接受这种文化的传承,认为这是“没本事的”才选择的道路;另一方面也为自己是渔民的后代而感觉“低人一等”。

二、多元共治视角下社会工作介入社区文化保育

2009年,虎门镇成为东莞市社会工作服务首批试点镇街,新湾社区是东莞市重点扶贫社区,特在本社区设立了2个社会工作服务岗位(由东莞市正阳社会工作服务中心承接)以期帮困扶贫。基于社区的特殊性、本地的文化特色和个人对民俗文化的浓厚兴趣,受启发于古学斌教授、张和清教授团队在云南平寨基于"文化敏感性"的农村社会工作实践,社会工作者非常看重文化敏感性的问题,文化背后呈现的是特定社会群体对事物的观念、看法、信念、价值和规范。经过深入基层的走访、调研,设计了"渔家乐"综合服务,其中以文化为主线的"渔味寻根"渔民文化探索之旅单列出来正式在社区启动,旨在唤醒社区居民的集体记忆,传承"乐观向上、积极进取、勇敢拼搏、互帮互助"的渔民精神,重拾对渔民文化的自豪感和认同感。在政府、社会各界的支持下,纯朴的渔民朋友从最初的盲目参与、到积极配合再到主动承担,近10年来,他们从服务对象"逆袭"为社工在社区最亲密的伙伴,成为社区真正的"主人翁"。

(一)动员社区文化"能人",挖掘社区文化资产

社区是人们生活的重要场所,也是人们进行精神文化生活的重要阵地,社区文化是联系社区居民的重要纽带,也是社区的宝贵财富。渔民文化是我们新湾渔民世世代代的记忆,是我们社区的重要财富,应该让年青一代了解祖辈奋斗的经历。新湾渔民L(65岁)说:"渔民(文化)的好多风俗习惯都丢咯,再不拾起来就没有咯!"新湾渔民S(70岁)也表示:"咸水歌已经没有多少人会唱了,这可是渔民特有的歌唱方式,打渔时即兴创作的。"言语之中流露着对社区特有文化的深厚感情和保护的急切感,社区文化的保育更需要社区内代际融合。"疍家文化的传承是我的一个梦想,只是这个梦想的实现要靠你们这些年轻人了!"新湾社区老干部C感慨道。

1. 动员社区文化"能人"(部分文化中称"民间艺人"),发挥示范效应

社区中的文化多为民间文化,多数民俗文化较少有文字记载或者规范化的保留,多通过口口相传的方式进行文化的传递和保存,发现社区"能人"是进行社区文化保育的重要一步。此外,社会工作者等参与社区文化保育的人

士虽然扎根于社区，但始终是“外人”，本着终将交还本土的理念，应充分挖掘社区的内源力，鼓励他们组建或者参与社区文化活动，充分发挥“社区文化能人”的示范效应。在进行疍家文化保育的具体行动中，团队面向社区发布“能人”招募令，通过口口相传、入户拜访等方式发掘疍家文化相关方面的能人，不分年龄、性别，主要包括文化技艺能人、生产技术能人、社区文化记忆能人、社区活动组织能人、社区文化乡贤等，如擅长咸水歌的渔民、织渔网能手、船雕达人、原新湾文化站的工作人员等。

2. 挖掘社区文化资产，初步还原社区文化

社区文化资产是社区文化传承和保育的基础，是社区文化向后人展示的重要载体，可分为“有形资产”和“无形资产”。

“有形资产”是指可见的实物，是社区文化呈现的重要载体，资产背后的故事能够更加直观、形象地向后代展示过往的生活、文化发展的历史变迁，如疍家的瓷枕，是渔民在船上使用的枕头，既可以防潮又可以传递海洋涌动情况，是渔民生活作业的好帮手。这个物品足以让后代看到实物，较为真切地体会到渔民的生活。发现社区文化的“有形资产”，首先应定制一份“有形资产清单”。可通过文献查阅、走访调研、咨询专家等方式，根据社区文化实际情况制作一份清单，再进行资产搜罗和收藏。

“无形资产”是指精神、价值观、民俗习惯等方面的资产，是社区文化的灵魂，是提升居民精神境界、社区认同感的重要基石。“爷爷奶奶一堂课”发起人、第四届 CCTV 慈善人物贺永强先生表示，发起这个项目是为了“寻根”，希望从本土的文化中寻找力量，让当地的孩子对生养的土地产生更深切的爱意，重拾自信，从心理上强大起来。他认为文化的意义在于找到自身的尊严。可见，文化的无形资产对社区居民的影响巨大，文化的保育不仅仅要注重对有形资产的保护，更要以人为本，注重精神传递、文化自信的塑造和社区关系的融合。“无形资产”主要包括社区文化背后的价值观、与社区文化相关的故事、风俗习惯、民间小调等。

（二）培育社区自组织，助推社区文化传承

社区文化传承简单来说就是以社区这个共同体为平台，社区文化的“有

形资产”和“无形资产”在代际之间传递和承接的过程，推动社区文化的可持续呈现，本质是社区文化的延续。“传承”是非物质文化遗产保护（注意：不是非物质文化遗产）的核心概念，指明“保护”的根本目的就是让有价值的人类非物质文化遗产持久地延续下去。（祁庆富，2006）“传承”建立在发掘社区文化的基础之上，主要通过整理、培育、教育、宣传、体验等方式进行传承，是社区文化保育的必经之路，社区的内生力量将成为社区文化传承的重要源泉。

1. 培育社区文化传承使者和社区自组织

在社区文化传承中，本土居民是社区文化最重要的承接人和社区文化宣传倡导的重要力量，是社区文化得以传承的内源性力量，运用使者的力量带动更多村民参与。传承使者主要包括社区文化能人、社区文化爱好者、顾问团等。疍家文化保育项目中，组建了一支疍家文化志愿者服务队，深入培育8支文艺爱好者服务队（舞蹈队、合唱队等），整合社区干部、专家、社区工作人员、社区领袖等组建疍家文化保育工作组，成立了顾问团，形成社区文化传承的坚实力量。

2. 创新社区文化代际传承模式

人类的发展和文明的进步是文化不断传递和更新的过程，不论社会发生过怎样的变化，文化的传递方向都是从上一代人到下一代人，将社会成员长期习得的、既成系统的价值观、知识体系、谋生技能和生活方式一代代传递下去。代际传递较多的是自家人之间的言传身教、口口相传，社区文化的传承要构建社区层面、共同参与的代际共融。疍家文化保育项目在服务设计中融入社区文化元素，诸如“渔网达人秀”“渔歌大赛”“渔区寻宝”等有渔民文化特色的互动体验，促进老一辈与年轻一辈的文化交流与互动。

（三）筹建疍家文化展览馆，构建文化空间

社区是社会生活的共同体，社区文化空间在社区生活场域中承载着相应的规范、价值观，持续性地再现社区文化，社区文化空间既有有形的亦有无形的。古物、照片等“有形资产”是文化的重要呈现，文化馆、博物馆是一座城市、一个社区文化的有形载体。通过前期对社区文化资产的挖掘和整理，建立一个文化展馆，进行文化的传承会达到事半功倍的效果。疍家文化展览馆经过近3年的筹备、整理，于2017年8月正式对外开放，陈列了疍家文化的发展历史、疍民生产、生活用具、民俗展品、船只等，共陈列古物100多件，这个疍家文化展览馆包含着疍民生活轨迹，承载着这个群体共同的回忆，以此为载体让社区居民和外来人员比较全面地了解疍家文化，让疍民精神激励着后代。

结合社区有形资产，根据时代发展，在原有文化基础上构建和更新社区文化价值体系和精神内涵，从而影响现有居民的生活方式、重新激活社区邻里关系，带动居民参与社区的积极性和主动性，通过社区文艺活动参与、社区文化展览馆筹建等具体行动修缮"社区文化空间"，让静态的古物迸发出生命的活力。

（四）活化社区文化资产，重现集体记忆

社区发展和关系产生的重要元素是集体交往行为和集体情感的发生，从而催发集体意志的产生。在社区文化传承的过程中，将文化资产转换为具体的活动，搭建参与的平台，也就是用创新性的理念和方法把文化变活，让它能够融入现代生活，与人交流、对话，让人从中获取智慧，丰富内心，简单来说就是让社区文化变得鲜活、接地气。在实践中，活化疍家文化有形和无形资产成功打造了"疍家文化节"，成为休渔期疍民重要的节庆日，他们将自己的生产、生活融入咸水歌、舞蹈、情景剧等展现出来，分享出去。还有几位骨干渔民将失传已久的"疍家婚嫁"编排成情景剧，激发了疍民集体回忆，强化了这一群体的归属，会场上的欢呼和欢腾是对集体情感的狂热表达。社区传统节庆既是集体记忆拼接与意义生产的社会过程，又是社区共同体的集体记忆与生活意义的再现过程。

（五）多元主体参与，形成协同共治局面

社区文化保育是对社区文化的方方面面通过创新性、多样化的形式进行挖掘、传承、保育和活化，需要多方面专业人才的参与，多方面资源的投放和支持，社区文化保育是保存和发展文化的过程，更是聚拢社区人气和资源的过程，频繁的互动中社区社会资本不断积累，推动社区构建多元化的社会支持网络，进而推动社区文化和社区自组织的发展，逐步形成良性循环。从渔民文化探索到疍家文化保育、疍家文化展览馆的建成，社区聚集了来自社会各界的爱心人士、社会组织、政府机关、企业等的关注和支持，其中疍家文化保育和渔民可持续生计问题得到市政协委员关注并提交提案，提高了社区的关注度。社区支持网络由单一政府（居委会）支持扩充为一元多核支持系统，政府（居委会）兜底，保障社区居民基本福利，不断完善社区基础设施，对社区文化展览馆做初期投入。社区居民、社区文化能人和社区社会组织成为一股重要的力量，参与到社区发展的社会组织（社工机构、社会团体），政协委员、民主党派、爱心人士、社区自组织、企业、爱心人士等作为补充性、支持性力量参与到社区的支持系统，在行动中不断调整各自的角色和分工，逐步形成良性运作的多元支持网络，推动社区文化保育和社区参与的前进步伐。

三、多元主体参与共建社区文化治理模式

社区文化承载着当地的生活方式和集体记忆，社会工作者运用社会工作方法和价值理念介入社区文化保育，极好地动员社区居民主动参与社区事务，主动还原集体记忆，激活了社区与居民之间的连接纽带，推动了社区可持续发展。

1. 居民生活的丰富

社区文化保育工作以文字、影像、外展活动、工作坊、论坛等不同形式，让社区文化与现代居民互动、对话，丰富了居民生活和精神世界。在2011—2015年里，项目开展了一系列的疍家特色服务活动。其中开展疍家特色文化活动80场，惠及人数45000人；开展渔民手工艺学习小组18个，惠及人数1800人；开展困难渔民家庭探访1500次。这些具有本土气息的特色服务不仅丰富了居民的生活，还为疍家文化传承奠定了良好的基础，受到了居民的欢迎。

2. 居民个人能力提升

社区文化保育注重对居民的主动参与，注重对社区文化“能人”的培力和作用发挥，帮助他们成为社区文化保育的领袖人物、主力军，使其在组织、带领、专业技能等方面的能力得到很大程度的提升。疍家文化项目催化8支舞蹈队和多支歌唱队伍的产生，5年间他们在演唱技巧、服装搭配、本土文化元

素融合方面都获得极大的提升。“还记得那年,我无论如何也不敢上台,现在,我已经是歌唱队的主唱,很享受在台上表演的感受。”吴阿姨笑着说(她右腿截肢,平时依靠假肢行动)。

3. 居民参与社区事务积极性的提升

社区文化保育注重社区内源性力量的培育,社区居民组建成社区文化保育志愿者队伍、工作小组和顾问团等,是本土文化保育的重要力量。疍家文化已形成1支有25人的疍家文化保育志愿者队伍、1支多方力量组成的保育工作组,8支文艺爱好者服务队(约120人)。这些队伍也成为社工服务开展的重要支持力量。安叔音乐室等社区自组织经常给予我们人力、物力支持。

4. 社区关系融合

社区文化作为联系社区居民的纽带,有其特有的文化符号、标识和信仰,在无形中培育了社区居民共同的价值观念。可以说我国传统的节日文化和邻里文化一个重要的功能就是保持农耕时代的熟人社会结构,而熟人社会就是天然的社区共同体。(赵晓芳,2015)社区文化的保育在现代社会环境下复兴了传统文化价值,重新构建和激活了社区关系,充分调动了居民参与社区文化生活的积极性和自觉性,提高了居民交流、合作的频率,增进了居民之间的感情,让社区关系在社会转型期获得重建,提升了对社区事件的应对能力。在疍家文化节较为平稳进展过程中,村民D事件掀起了“激活社区关系”的热潮。2012年4月村民D面临生命危机之时,因家庭贫困而无法就医,舞蹈队、音乐爱好者等社区自组织负责人在社工的协助下,组织开展了一场“新湾草根义演”,现场筹集善款2.9万余元,还引来各界爱心人士前去探望和捐款,让村民D得到及时救治,换来了生命的新生。居民的参与积极性(表演和捐款)空前高涨,被外界称为“民间慈善义捐的标本”。这场义演让社区领袖和居民感受到社区的温情,邻里守望相助的氛围得到升华,让社区邻里关系得到激活和重构。

5. 社区活力提升

(1)重塑社区文化认同

社区文化保育最直接的成果是为社区保存了有形和无形的社区文化资

产，为居民留下集体记忆的公共空间，这个文化空间蕴含着丰富的关系纽带、乡愁和意识，是人们情感寄托、表达的场域，公共生活和公共空间的增加会提高村民之间的互动频率，公共文化活动和公共空间的打造有利于增强居民之间的熟悉感和密切度。项目搜集社区100多件疍家特色文化古物，50余件“匠人”手工艺作品，并做好分类和布展，建成了一座200平方米的疍家文化展览馆，承载着人们对疍家文化的共同回忆。展馆日常开放，为本社区居民及外来人员提供导赏服务，从时间和空间上为社区居民提供互动平台，在这里，渔民似乎又看到了在海上的那些日子，圆了一代人的渔民梦，提升了居民对社区和文化的认同和归属。

（2）社区文创产业的萌发

社区文化保育是一个动态的过程，而非是将古物放进博物馆的一个结果。社区文化保育将社区文化、社区文化相关的“能人”以及社区居民的潜能都挖掘出来，让社区文化成为社区发展新的资本、让社区居民提升了自身的学识和修养、文化相关的技艺，帮助其将自身现有的资本转化为外在的产品，提升其发展文创产业的可能；同时，以文化保育为切入点帮扶困难群体，让文化保育披上“公益”的外衣，增加了青年群体和社会各界的关注，拓宽了社区文化保育的传播路径。疍家文化保育中，桂叔制作的“船模”经过社会传播，大大拓宽了其销售途径，桂叔的订单已经排到下一年年底，也让这位转岸的老渔民增加了收入来源。

四、多元共治格局下社区文化治理的反思

本文论及的新湾社区疍家文化保育，是各个参与主体挖掘、传承、保育和活化疍家文化，通过文化媒介培育社区自组织和社区居民，推动社区可持续发展的过程，这一过程表现为多元共治的格局。

（一）有共同目标的多元主体参与

参与同一事务的多元主体，必须要有“共同的目标”来维系。社区文化保育中参与的主体主要有政府、社会组织、社会民众等，不同主体在参与动机、操作机制等方面存在着较大的差异，因而他们的互动需要一定的力量来支撑

和维系。在社区文化保育的参与中，社区文化的保护、传承、活化和社区的可持续发展成为多元主体参与的支持力量和共同目标。疍家文化由于海洋的污染和老一辈的老去，濒临消亡的危险，社会工作从社区文化切入社区服务，唤醒了政府单位、社区居民对文化的保育意识，在保育工作进展中吸引了有共同目标的高校、社会组织等团体的加入，抢救、保育疍家文化是吸引各主体参与的重要力量和目标。

（二）在尊重和信任的前提下，多元主体合理分工合作共治

社区文化保育的终极目标是让文化能够得以传承和延续，强调在保护过程中政府和市场之外的群体参与，充分发挥社会组织和社区民众力量，培养社区民众文化自觉和文化自信。多元主体协作的局面就是，政府、公益组织、企业、社会公众、青年群体、社区文化“能人”对社区文化持续、广泛的参与和关注，社区文化保育的过程就是重构这些参与主体的关系，使得各方形成长期互动、相对平等的信任合作关系，达成多元主体共治、合作共赢的局面。

（三）重视文化产业的发展

文化保育具有重要的文化价值，是民众意识形态转化的重要载体，同时也具有一定的经济价值，多样化的社区文化产品能够有效发挥文化治理性功能，能够将文化保育与经济发展、文明建设有效结合，推进社区公共性构建、社区身份认同和社区社会资本孕育，将更好地推动文化保育的可持续，巩固文化治理的成果。

依托当地自然、人文和社会资源，结合人们对休闲娱乐的追求，加大政府支持力度，发展休闲渔业，结合美丽幸福村居建设工作行动计划发展“特色渔村”，打造继“海战馆”“鸦片战争博物馆”之后的又一“文化名片”，也作为实现渔民生计转型的又一突破口。

（四）倡导政策支撑体系的完善

以加快推进社区文化产业发展为统领，充分发挥社会工作者的政策倡导功能，深入了解社区文化保育、文化产业发展的困难和所需支持，进一步完善社区文化保育机制，有效建立从市、镇到社区甚至村委的社区文化保育协会，

形成三级保护机制;完善社区文化保育和社区文化产业发展的财政税收、投融资、土地、人才等相关扶持政策,多方面支持文化产业的发展。

文化承载着一个国家与民族、地区的认同感与自豪感,在展示人类社会文明方面,具有越来越重要的象征意义。随着全球化时代的到来,文化保护也日益成为当今世界的一个热门话题。社区文化的小众化、碎片化和记录缺失更亟待介入和保育,社会工作在介入社区文化保育能够整合多元主体资源,培育社会力量参与到社区文化保育中来,激发社区活力盘活社区资源,从而推动社区文化治理路径的发展和完善,实现多元主体共治模式的构建,推动社区基层治理的创新和社区的可持续发展。

(作者单位:广东开放大学/广东理工职业学院)

社会组织

山东社创:社会组织的陪伴者

顾 磊

把材料掰开揉碎,放到时间轴上来看,对于本篇的人与事来说,2016 年是神奇的一年。这一年,《中华人民共和国慈善法》出台并实施,互联网公益迈向高潮。山东省慈善总会发现,传统的慈善业务已经难以为继;济宁市的公益创投刚刚拉开序幕;泗水微公益协会刚刚“触网”;泰山小荷公益向专业化迈进,遇到了规模化的难题;年底,中国好公益平台伴随着“花拳绣腿论”诞生……

不到两年的时间里,这些人与事交织成一个奇妙的规模化场域。串联这一切的,正是山东社创。它被称为“陪伴者”,或者“枢纽机构”。

一、风口上的猪

某种意义上,山东社创是被“逼”出来的。

机构前身名为“爱山东”,由黄庆委、王奕鸥、来超等山东籍在外公益人和山东本地的杨建生等人共同发起,以“创新空间”的方式运营,经常请一些国内外知名的公益人来山东分享交流,逐渐吸引了不少人的关注。

2015 年夏天,山东财经大学社会工作实训中心主任张健加入这个团队。“我感觉社工出问题了。社工局限在城市里,严重依靠政府购买,我们推了快 10 年了,我觉得这不对。社工的发展方向可能在哪儿? 应该去了解一下民间公益。”张健回忆。社工与公益理念的碰撞,催出新变化。当年 10 月,“爱山东”提出“陪伴”的新定位:“重新出发,去拥抱山东公益,看看会发生什么。”这就是“枢纽”的发轫之处。

2016 年,“爱山东”以潍坊为突破点,帮助鸢都义工创建人孙志达承接中央财政购买社会服务项目,做农村综合发展、合力运营的“黄谷生机”项目获各方关注。在不断的沟通、联络过程中,“爱山东”被各地伙伴熟知、信任。“推项目、推孙志达,可以证明我们是有效的陪伴者和服务者。”张健说。半年多时间内,“爱山东”几位负责人的电话量剧增,各地都邀请前往实地交流和指导。紧接着,“爱山东”与潍坊市新路社会组织培育中心也有了链接,作为第三方技术支持机构,相继在潍城区、奎文区做区县社会组织培育。

同年,山东省民政厅打造了十几个省级社区治理暨养老服务创新实验区,“爱山东”参与了其中七八个实验区建设中的人才队伍能力提升、项目督导等服务。在这一过程中,“爱山东”始终保持着“退后”的姿态,从不承接具体的执行项目,而是为政府、社会组织提供策划、技术支持、个人沟通、项目督导等多种服务。

越退后,作用就越大,成就的机构和个人就越多,触发的需求也更多。“项目陪伴、机构陪伴、社会组织培育陪伴、政府实验区陪伴,甚至还有一些具体的个人领袖陪伴,大家都特别需要。过去,这种支持性服务几乎是零。”张健说。一方面,许多基层社会组织发展到一定程度,继续前行会面临规范化、专业化的挑战;另一方面,政府动员社会组织参与社会治理,也极度渴求技术支持。“爱山东”的出现,正是“及时雨”——创始人自己还没怎么反应过来,就被纷至沓来的业务砸中。“我们就是那只风口上的猪。”张健毫不避讳地用了这个比喻。

另一件神奇的事是,“爱山东”也参与了中国好公益平台最初的设计。“整宿整宿地讨论,出发点是什么、逻辑是什么、怎么玩,我们那段时间挺亢奋的。”大家达成一致的结论是,伙伴们需要的不是一点一滴的东西,而是系统性地支持。“资金、技术、能力、稳定的团队……一个好项目的背后就是对公益的重新理解。”“我们这么弱、这么轻的一个平台,如何持续推动山东公益发展? 可以说,好公益平台的思路也是我们的基本思路。”张健说。

2017 年 2 月,机构正式注册,名为“山东省社会创新发展与研究中心”,杨建生是主任,张健任执行理事,机构成为好公益平台的“枢纽”之一。

二、真正的“枢纽”

“要钱不？不要钱我们欢迎。”2017 年上半年，听到杨建生推介好公益平台，这是济宁市社会组织中心主任宫秀兵的第一反应。济宁市的公益创投刚刚起步，资金比较紧张，还缺项目。好公益平台带来的优质公益产品可以助力当地社会组织参与社会治理。双方一拍即合，一场好公益平台优质产品推介会在济宁举行。泗水微公益协会负责人孙建涛听说有这个活动，马上赶到现场。协会正在向专业化方向转型，他觉得挺难。推介会听完，孙建涛当场“假装”提问题，实则给自己打广告，“借机认识他们。”建立联系后，山东社创给予了这家机构最好的陪伴——机构、项目、管理、文案……可谓全方位地支持。

2017 年，泗水微公益在“99 公益日”募款 200 多万元。今年，孙建涛干脆把张健和杨建生拽上车拉着去泗水。“给项目重新做规划，修改项目文案，不合适的马上改，改完就上线。”泗水微公益协会今年“99 公益日”的募款额是 420 万元，位居山东省第一。济宁市有 3200 多家社会组织，“爷爷奶奶一堂课”“彩虹村”等产品被引入济宁后，为保证顺利落地，山东社创为当地社会组织提供能力提升、规范管理的支持，同时为政府公益创投进行督导。

“在市一级，我们提供技术支持，区县级的社会组织，我们既做培育，又是陪伴者。”张健说。至今，山东社创在济宁开展多家机构参与的培训有七八场，至于点对点的辅导次数，已经数不清。这种业务模式，决定了跑腿的重要性。有一个月，张健像个“救火队员”一样跑了 28 天。“每个项目点待上一两天，‘一对一’地为项目、机构、负责人提供指导和建议。”张健说，“其实这很老土，靠的是人力。”就是这种“千里驰援”的业务模式，让山东社创与各地社会组织建立了一种“情感上的黏连”。张健和杨建生的腿越跑越细，与各地机构的感情却越来越深。更大的意义在于，各地的成熟机构之间本来如同孤岛，缺乏联系与互动，山东社创链接了他们，可以做整体层面的事情。这就是“枢纽”——能精准描述业务框架的，只有当初提出的“陪伴”；底线也越来越清楚：永远不做乙方。“我们不抢、不占、不下套、不坑人。”张健说，“大白话的意思是，我们不冲到前面，不与伙伴抢资源。”这注定是一种专家型的业务，为此，山东社创设立了专家委员会，吸收高校在社工与公益方面的专家，更好地为伙伴服务。“我们可以促进项目和机构规模化，自身却难以规模化。”张健说。

三、“99”会战

《中华人民共和国慈善法》出台后，国家对网络募捐进行规整，移动互联网吸引了海量的公众参与公益。这个变局，为慈善会系统带来了阵痛。一方面，来自政府的直接资金支持在减少；另一方面，大型公司与企业家出资的基金会更加灵活，更善于利用互联网。

路在何方？山东省慈善总会不得不考虑这个问题。2017 年“99 公益日”之前，该会陆续在腾讯公益上线了十几个项目，募捐情况却不理想。“我们想得太美好了。没有具体项目作为支撑，光说募款救助建档立卡户中的残疾人，写上募捐 300 万元，却募不了几万块钱。”山东省慈善总会副会长张彦龙说。张彦龙注意到，山东社会组织蓬勃发展，但整体性的公益慈善生态尚未形成，山东社创在潍坊、济宁、烟台等地开展的业务蕴含着新的可能。与山东社创深度交流之后，山东省慈善总会将资助方向“转舵”，两者达成了长达 5 年的战略合作关系。

2018 年 7 月，中国好公益平台山东路演暨首届“慈善山东”公益大会在山东广播电视台举办，200 多家机构近 400 人与会。好公益平台上的 9 个优质公益产品被引入山东，11 个山东本土优秀公益项目也进行了展示。首届“慈善山东”公益大会是山东省慈善总会、山东社创的一次“蓄谋”——来自济南、青岛、济宁、淄博、威海、日照、枣庄的支持性社会组织共同启动了山东支持性社会组织协作网络。这次大会上，山东省慈善总会抛出了重磅资助“炸弹”：针对即将到来的“99 公益日”，出资 500 万元，其中 300 万元用于配捐；100 万元用于其后对社会组织项目实施优异者的奖励；50 万元资助好公益平台优质产品——壹基金的壹乐园儿童服务站计划；50 万元用于山东省慈善总会发布的“慈善山东”伙伴计划，结合慈善组织运作热点问题统筹慈善组织资源，搭建交流与分享平台。

对壹乐园的50万元资助，又带动了枣庄市慈善总会新资助50万元。“我们想做的，一是拓展总会的募捐渠道；二是促进山东省社会组织参与社会治理，建设山东省的公益慈善生态。”张彦龙介绍道。这次大会对山东本土慈善会系统、社会组织领域产生的风暴式冲击，在随后的“99公益日”体现出来。大会遴选了76家社会组织的75个项目参与“99公益日”。为了打好这一仗，山东省慈善总会与山东社创设立了联合专办，全方位助力项目冲击筹款。孙建涛的“微爱1+N”项目正是受益者之一。9月7日至9日期间，孙建涛状态“疯魔”，3天几乎把3个电话打爆，最终成绩是：募款420万元，位居山东省第一。募款人数达5.4万人次，“基本上泗水有智能手机的人都捐款了”。

“99公益日”“联合战”打完，共募款1389万元，其中包括腾讯公益87万元的非限定性奖励。最终确定了58家机构的60个项目予以执行。通过这次“会战”，一方面，山东省慈善总会初步建立了自己的资助网络；另一方面，山东社创的“枢纽功能”进一步放大到全省。

不久前，在广州举办的善城大会上，张彦龙介绍了“山东模式”。随后，山东省慈善总会、壹基金和山东社创在深圳签订了一份三方战略合作协议，将在自然灾害救助、儿童关怀与发展、慈善公益支持与创新等领域进行深度合作。“我们也想搭建一个齐鲁的‘好公益平台’，整合资金，推出更多好项目。”张彦龙说。

四、“四化”建设

2013年以前，泗水微公益还是个拍客志愿者团队，干的是“直接发钱”的服务。比如给敬老院老人送红包、给困难家庭发米面粮油等。这一年，他们碰到了贫困家庭的两个孩子。哥俩冷了不穿衣服，渴了趴在地上喝脏水，用手从锅里掏着吃饭。奶奶股骨头坏死，妈妈患有精神病。“这样的孩子，光给他钱有什么意义？”孙建涛自问。他开始反思“送温暖”式的公益到底有多大意义。泗水微公益堆积如山的救助档案中，“1号孩子”就来自这一家庭——志愿者与社会爱心人士将孩子接到县城上了幼儿园。500多个困难家庭的孩子，他们的需求是系统性的。“不是送个足球快乐一时那么简单。”

2014 年 9 月，拍客团开会，孙建涛说，从现在开始我们要转型了。转型被孙建涛后来总结为“四化”：制度化、专业化、项目化、信息化。一言以蔽之：做公益要有系统性的解决方案。“四化”建设细到什么程度？首先是摸准需求。泗水有 592 个村庄，63 万人口。从 2014 年开始，泗水微公益进行逐村筛查，截至目前，行程将近 50 万千米，可绕地球 11 圈，今年内有望筛查完毕。团队走访了 4600 多个家庭，发现救助对象近 1600 个。救助过程中，在向资助方提交“物资送达表”的同时，泗水微公益还要求执行人员提供每个家庭的 5 张照片，说明哪些志愿者去了现场、谁带的队、东西送给谁了，还要签字、按手印。协会甚至要求向孩子递送物品时，必须使用双手。通过“上游”的公募机构募款，把“下游”的项目执行做细，利用“中游”（山东社创等）的技术支持提升专业水平。孙建涛的团队把泗水公益做成了“活水”。

壹乐园儿童服务站项目在泗水的落地过程中，山东社创从场地选择、运营模式到活动开展提供了全方位的支持。专业化触发了创新，泗水微公益购买当地 7 家教育培训机构的服务，在周末为孩子们提供美术、音乐等多方面的素质教育课程，让壹乐园更像“乐园”。泗水微公益协会如同缩影。在山东全域，由志愿服务向项目化、专业化转型已成为民间公益大趋势。

寇波是济宁市明行足公益发展中心负责人，这家机构也承接了壹乐园儿童服务站项目。儿童服务站项目带给明行足的有 3 个好处。一是项目整体 VI 设计的可借鉴性，“今后我们自己做项目，首先也要做 VI 识别、制作包装。”其二，项目执行流程非常完备，这对刚刚由草根志愿团队转型而来的明行足极有价值。其三，项目实施过程中的多次培训，对专职人员和义工素质有很大的提升。另一家机构济宁市运河义工服务协会，会员有 2000 多人，已经承接了好公益平台上“五防”儿童安全课、彩虹村助学计划等项目。负责人赵颖介绍，协会内部依据不同项目形成专门团队，志愿者自愿参与，比如五防项目，感兴趣的志愿者组建团队，负责执行。这种转型是社会组织部门所乐见的。济宁市民政局社会组织管理局副局长李银生认为，政府部门的很多工作都离不开社会组织。比如说公安局禁毒戒毒，司法局对劳教人员、刑满释放人员的劝导，银行反洗钱，文明创城，教育事业发展，脱贫攻坚，都需要社会组织参与。

李银生认为，山东社创提供的技术支持非常重要。“基层社会组织有两大需求，一是资金，二是技术。技术比资金重要，如果你把技术做好了，大家都愿意向你捐赠。”

五、产品“降落”

2016年，泰山小荷公益通过山东社创的对接，成为“好公益平台”的品牌机构，彩虹村助学这一针对三四线城市及农村特困服刑人员未成年子女群体的项目成为平台优质产品。“好公益平台”为品牌机构提供能力建设服务，GDI[Global Development Incubator (Asia) Ltd全球发展孵化器]的培训和“一对一”咨询是其中一部分。小荷公益负责人和西梅学习能力很强，她用GDI框架梳理机构业务，发现“我们大概需要300年到400年，才能对每一个孩子帮扶一遍”。这就是规模化的因由。彩虹村项目的门槛较高，仅仅要与监狱建立合作关系这一点，就难倒大多数机构，而“好公益平台”在全国的路演，为小荷公益寻觅到了符合条件的合作机构。如今，彩虹村项目已在全国41个城市落地，可以帮扶更多孩子。和西梅发现了一个有意思的现象：规模化意味着多家机构聚焦一个社会问题，会催生出更创新的方式与路径。然而，救助对象的需求是系统性的，聚焦往往又解决不了其他问题。比如，彩虹村助学满足了孩子们的情感需求，但却不能解决防性侵问题。和西梅引入了公益小天使和女童保护，将其嵌入到彩虹村的大项目之中，为孩子服务。这是“好公益平台”的一大价值，即产品之间互相引进、嫁接、嵌入，已在多个产品之间形成了类似的合作。小荷公益的机构层面形成了规模化“漫射”状态——我的产品通过别人规模化，别人的产品通过我规模化。用和西梅的话说：“我这里成了一个公益产品‘集散地’。”如同小荷公益，“嵌入”是好公益平台产品落地的主要方式之一。比如，泗水微公益将壹乐园纳入服务儿童的项目体系中；又比如运河义工服务协会，将项目嵌入团队之中。

山东社创也积极协助区县的社会组织培育团队引入“好公益平台”产品，

济南市历下区创益园(历下区善治公益发展中心)还专门建设了一个"中国好公益平台"空间,引入展示了16个当地需要的平台产品。十方缘、阿福童、爷爷奶奶一堂课……这些成熟产品被当地社会组织纳入社区服务业务中,为其参与政府购买服务提供了强大的助力。可以说,规模化在山东走出了一条有效路径。

另一个"降落点"竟然是高校社团。山东大学、山东政法学院、山东青年政治学院、齐鲁师范学院的学生们,成为承接产品的"青年军"。"学生社团很靠谱,给他们一个模板,他们会一板一眼地完成,而且是闭环工作,不会半途而废。"该中心主任孙璐璐说。最近,孙璐璐正在尝试另一个路径:结合党建工作,让企业承接包括"好公益平台"产品在内的优质项目,开展更有效的社会服务。"我们希望越来越多人真正了解公益是什么,区分公益与慈善、公益与普通志愿服务的区别,有更多人加入公益。"孙璐璐说,"在这个过程中,我们帮助社会组织捋清自我定位。然后,我给你个项目,你觉得行,那就做吧。"

（作者单位:《中国政协报》）